아나운서
어떻게
되었을까
?

꿈을 이룬 사람들의 생생한 직업 이야기 4편

아나운서 어떻게 되었을까?

1판 1쇄 찍음 2015년 05월 18일
1판 5쇄 펴냄 2022년 06월 28일

펴낸곳	㈜캠퍼스멘토
저자	이민재
책임 편집	이동준 · 북커북
진행 · 윤문	북커북
연구 · 기획	오승훈 · 이사라 · 박민아 · 국희진 · 김이삭 · ㈜모야컴퍼니
디자인	㈜엔투디
마케팅	윤영재 · 이동준 · 신숙진 · 김지수
교육운영	문태준 · 이동훈 · 박홍수 · 조용근
관리	김동욱 · 지재우 · 임철규 · 최영혜 · 이석기 · 임소영
발행인	안광배

주소	서울시 서초구 강남대로 557 (잠원동, 성한빌딩) 9층 (주)캠퍼스멘토
출판등록	제 2012-000207
구입문의	(02) 333-5966
팩스	(02) 3785-0901
홈페이지	http://www.campusmentor.org

ISBN 978-89-97826-05-6 (43370)

아나운서들의
커리어패스를 통해
알아보는
리얼 직업
이야기

아나운서
어떻게

How did they become Announcer?

되었을까?

CampusMentor
캠퍼스멘토

"
도움을 주신
아나운서들을
소개합니다
"

김완태 MBC(문화방송)
아나운서

현재 〈스포츠 다이어리〉, 〈시간 여행 그땐 그랬지〉
등을 진행하고 있다.

- 현) MBC 아나운서국 부장, 스포츠 팀장
- 경희대학교 대학원 언론정보학 석사
- 1995년 MBC 아나운서로 입사
- 경희대학교 회계학과 졸업

윤인구 KBS(한국방송공사)
아나운서

현재 KBS 1TV의 〈아침마당〉을 진행하고 있다.

- 현) KBS 아나운서
- 아나운서실 한국어연구사업팀장
- 연세대학교 대학원 방송영상학 석사
- 1997년 KBS 아나운서로 입사
- 연세대학교 사회복지학과 졸업

정연주 tbs(교통방송)
아나운서

tbs TV의 〈tbs 네트워크〉, 〈달콤한 밤 정연주입니다〉
를 진행하였다.

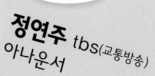

- 현) tbs 보도제작국 아나운서
- 고려대학교 대학원 언론홍보학 석사
- 1997년 tbs 보도제작국 아나운서로 입사
- 이화여자대학교 행정학과 졸업

전주리 KBS(한국방송공사)
아나운서

KBS 1TV의 〈도전 골든벨〉,
〈누가누가 잘하나〉를 진행하였다.

- 현) KBS 아나운서
- 2010년 KBS 아나운서로 입사
- 전) MBN, KTV 아나운서
- 한국외국어대학교 독일어교육과/ 국어교육과 졸업

양현민 febc(극동방송)
아나운서

〈즐거운 오후 해피플러스〉, 〈참 좋은 내 친구〉,
〈클릭비전〉, 〈상큼한 오후〉 등의 프로그램을 제작,
진행하였다.

- 현) 극동방송 아나운서
- 2009년 febc 아나운서로 입사
- 이화여자대학교 국어국문학과 졸업

박성언 여수MBC(문화방송)
아나운서

여수 MBC에서 TV 〈뉴스투데이〉, 〈이브닝뉴스〉,
〈축구 중계〉, 라디오 〈정오의 희망곡, 박성언입니다〉를
진행하고 있다.

- 현) 여수MBC 아나운서
- 2011년 여수 MBC 아나운서로 입사
- 경희대학교 정치외교학/신문방송학과 졸업

이 책의 구성

Chapter 2

아나운서의 생생 경험담

Chapter 3

예비 아나운서 아카데미

아나운서,
어떻게
되었을까
?

아나운서란?

아나운서는

방송사에 소속되어 시청자들이나 청취자들에게 텔레비전과
라디오 방송을 통하여 뉴스, 공보, 기타 고지 사항을
발표하고, 프로그램을 진행하는 자이다.

오늘날 아나운서라(Announcer)는 말은 방송국의 모든 프로그램 진행자, 즉 앵커
(Anchor), 뉴스 캐스터(News Caster), 스포츠 캐스터(Sprots Caster), 교양·오락 프로그램
사회자(MC), 리포터(Reporter) 등을 포괄하는 넓은 의미로 쓰이고 있으며, 방송의 프
로그램이 다양한 만큼 아나운서가 하는 업무의 내용도 폭넓다.

• 출처 : 워크넷, 한국직업정보시스템

아나운서의 업무 영역

아나운서는 전통적으로 아나운스(announce)를 하는 사람을 아나운서(announcer)라고 한다. 한국언론재단(2004)에서는 '아나운서란 뉴스 전달자를 말하고, 방송에 출연하는 비연예 인사를 포함하여 방송사에 사원으로 고용돼 있는 사람을 뜻한다.'고 정의하고 있다.

최근 방송 프로그램의 장르가 다양해지고 아나운서들의 역할이 세분화되면서 여러 종류의 용어들이 생겨났다.

아나운서의 업무와 관련된 용어는 다음과 같다.

앵커(Anchor)
- 아나운서 중 뉴스를 진행하는 사람으로, 뉴스 캐스터라고도 한다.
- 앵커는 사람 및 사건에 대한 정보를 수집·분석하고 원고를 준비해 뉴스를 진행하는 사람으로, 뉴스를 발표하고 취재 기자와 연결하여 현장의 상황을 전달한다.
- 사건, 사고에 관련된 사람과 면담을 하고 원인, 진행 과정, 결과 등을 상세히 보도한다.

스포츠 캐스터(Sports Caster) 운동 경기를 현지에서 중계하거나 녹화 방송을 한다.

전문 연예 사회자(MC, Master of Ceremonies)
- 라디오, TV에서 교양, 오락, 퀴즈 프로그램, 토론 프로그램 등의 프로그램을 진행하거나 의식이나 행사를 중계방송한다.
- 출연진이나 연예인을 소개하고, 쇼나 프로그램의 진행을 맡는다.
- MC는 내용을 잘 전달하는 애드리브(ad lib) 능력이 뛰어나야 하고, 프로그램 제작에 필수적인 기획 회의 등 여러 가지 부수적인 과정과 활동에도 적극적이어야 한다.

디스크 자키(DJ, Disk Jockey)
- 유선 방송, 라디오, TV 및 인터넷 방송 등의 음악 프로그램을 진행한다. 음악을 선곡하고 소개하며 신청곡을 들려주며 신청 사연을 소개한다.

- 팝 계열 음악 방송의 진행에는 톡톡 튀는 개성이 요구된다면, 클래식 음악 프로그램 진행자에게는 정감 있고 풍부한 소리, 따뜻한 음색과 친밀하고 신뢰감 있는 목소리가 요구된다.

방송 리포터(Reporter)

- 라디오, TV에서 교양, 오락 등의 프로그램에 참여하여 뉴스나 시사 문제 등의 보도 내용을 소개한다.
- 취재를 위해 사건 현장에 직접 가거나 사건 관련 당사자들을 인터뷰한다.

기상 캐스터(Weather Caster) 날씨 정보를 보도한다.

· 출처: 아나운서, 2013.02.25, 커뮤니케이션북스

아나운서의 자격 요건

어떤 특성을 가진 사람들에게 적합할까?

- 아나운서는 집중력과 분석적 사고가 있어야 하며, 다른 사람들이 말하는 것을 듣고 요점을 이해하거나 적절한 질문을 할 수 있어야 하며, 자기가 알고 있는 것을 다른 사람에게 조리 있게 말할 수 있어야 한다.
- 사회, 문화, 역사 등 다양한 분야에 대한 관심과 깊은 이해가 있어야 한다.
- 표준어와 바른 우리말을 구사할 수 있어야 하며, 정확한 발음, 풍부한 표현 능력 등 언어에 대한 감각이 있어야 한다.
- 순발력이 필요하며, 시청자들에게 호감과 신뢰감을 줄 수 있는 외모와 말투를 가진 사람에게 유리하다.
- 다양한 정보를 기억해야 하고, 주어진 주제나 상황에 대해 기발한 아이디어를 산출해야 한다.
- 예술형과 사회형의 흥미를 가진 사람에게 적합하며, 어려운 상황에도 심리적 평정을 유지할 수 있는 자기 통제 능력과 혁신, 타인에 대한 배려 등의 성격을 가진 사람들에게 유리하다.

· 출처: 한국직업능력개발원 직업 사전

아나운서와 관련된 특성

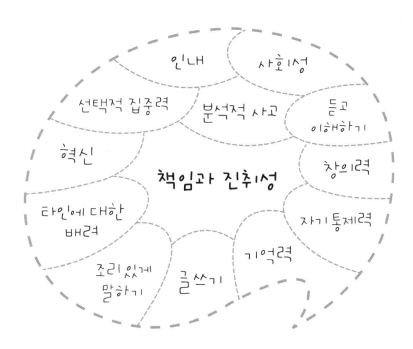

인내

사회성

선택적 집중력

분석적 사고

듣고 이해하기

혁신

책임과 진취성

창의력

타인에 대한 배려

자기 통제력

조리 있게 말하기

글쓰기

기억력

NEWS

다양한 경험과 체험을 해 보는 것이 중요해요.

아나운서라는 직업은 다양한 사람들의 이야기를 전해 줘야 하기 때문에 다양한 경험과 체험을 한 사람들이 잘할 거라고 생각합니다. 무전여행도 해 보고, 아르바이트도 해 보는 등 어떤 경험이라도 좋아요. 풍부한 경험 없이 공부만 한 사람이라면, 시험은 붙는다 해도 그이후에 방송을 하거나 발전하는 데 어려움을 느낄 거예요.

다른 사람을 배려하고, 포용할 수 있어야 해요.

남을 비판하기 보다는 남을 포용하고 받아들일 수 있는 마음가짐이 필요한 것 같습니다. 비판적인 시각으로 남의 단점을 찾기 보다는, 완벽하지는 않더라도 따뜻한 시각으로 세상을 바라볼 수 있어야 합니다.

공감 능력이 뛰어나야 해요.

'공감 능력이 있는가?'는 '얼마나 진정성을 갖고 상대의 이야기에 귀를 기울이고 이해할 수 있는가?'라고도 바꿔 말할 수 있을 것 같은데요. 우리는 대화 중에 다음에 무슨 질문을 할지 등 딴생각을 하기도 하잖아요. 그러다 보면 이야기를 이어갈 부분들을 놓칠 수도 있게 되죠. 오롯이 상대방의 이야기에 집중하여 잘 듣고 공감할 수 있는 것이 참 중요해요

자신의 생각을 조리 있게 전달할 수 있어야 해요.

자신의 생각을 정연하게 정리하고, 정확한 표현과 올바른 어투로 전달하는 것이 중요해요. 그렇게 하기 위해서는 평소 자신의 생각을 정확히 표현하는 연습을 해야 해요. 그러니 언어적 감각은 기본적인 자질이겠죠. 읽고 쓰고 말하는 것에 기본 이상의 지식과 자질이 있어야만 아나운서가 되어서도 계속 성장할 수 있어요.

상황에 대처할 수 있는 순발력이 필요해요.

　작가는 글을 써서 남기지만 아나운서는 말로 표현하잖아요. 공중에다 말하고 전파를 통해 전달되기 때문에, 내 생각을 잘 정리해서 전달할 수 있어야 해요. 작가는 많은 사색을 하고 시간을 들여서 글을 쓰지만, 아나운서는 상황에 따라 순발력 있게 바로바로 말할 수 있어야 합니다.

글 쓰는 능력이 중요합니다.

　아무리 작가나 기자가 원고를 써 준다고 해도 최종 전달자인 아나운서가 전달력을 높일 수 있도록 첨삭해야 하는 경우도 있어요. 중학생이 들어도 이해할 수 있도록 수정하기도 하고, 표기법이나 문장의 구조들을 최종적으로 고민해야 합니다. 아나운싱을 하는 데 발음도 중요하지만 좋은 문장을 구성할 수 있는 능력을 갖고 있어야 해요.

내가 생각하고 있는 아나운서의
자격 요건을 적어 보세요~

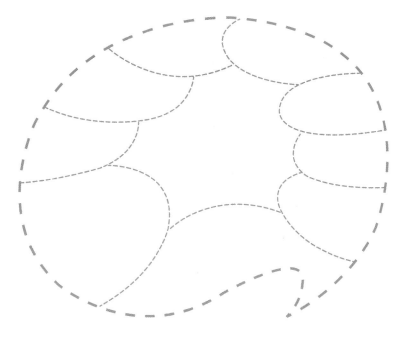

아나운서가 되는 과정

1차 평가

서류 전형 및
카메라 테스트

2차 평가

필기 시험

아나운서

3차 평가

실무·역량 능력
평가 및
인성·적성 검사

4차 평가

최종 면접

※ 아나운서 모집은 방송사별, 모집 연도별로 차이가 있다. 전형 과정은 일반적인 서류, 카메라
테스트, 필기, 실무·역량 능력, 인성·적성 검사, 임원 면접 등의 단계를 거친다.

1 서류 전형 및 카메라 테스트

- 일부 방송사는 4년제 대학 졸업자를 대상으로 하나, 일부 방송사는 학벌 파괴로 대학 졸업 여부를 따지지 않고 서류 전형을 하지 않기도 한다.
- 서류 전형으로는 일반적으로 최종 학교 성적, 공인 영어 점수, 한국어 능력 시험 점수 등이 포함된다.
- 카메라 테스트에서 지원자는 카메라와 조명이 세팅된 상태에서 심사위원들 앞에서 뉴스나 프로그램 진행 원고를 읽으며, 심사위원들은 모니터를 보며 발음, 발성, 표정, 인상 등을 채점한다.

톡 (Talk)!

서류 전형에 응시할 때 필요한 학교 성적이나 공인 영어 점수, 한국어 능력 시험의 점수 등이야 자신이 노력한 만큼 점수로 드러나는 부분이라 평소에 차근차근 준비하는 것이고요.

그 외에 사진과 자기 소개서도 중요하더라고요. 사진은 화면을 통해 시청자들을 만나는 아나운서에게는 중요한 평가 항목이에요.

자기 소개서 또한 글과 말을 직업으로 삼는 아나운서들에게 중요한 평가 항목이에요. 왜냐하면 면접에 도착했을 때 면접관들의 질문과 관심을 유도할 수 있는 도구이기 때문이죠. 그러니 자기 소개서를 읽고 자신의 일부를 느끼게 할 수 있도록 하는 것이 포인트예요.

카메라 테스트를 위해 방송사에 도착하면 대본을 줘요. 짧은 시간 연습한 후 카메라 앞에 서는데 종이 원고나 프롬프터를 보며 몇 줄 읽어 내려가다 보면 1분도 채 걸리지 않고 끝이 나요. 카메라 테스를 할 땐 언제나 긍정적인 생각과 자신감 있는 태도로 자신만의 매력을 마음에 담아 원고를 읽어야 자신의 특징이 잘 표현되어 심사위원들의 시선을 사로잡을 수 있어요.

2 필기시험

- 필기시험 과목으로 논술, 방송학개론, 시사교양약술, 상황 판단 검사, 국어 능력 및 종합 교양 등이 있다.
- 시사 상식 등은 객관식 혹은 주관식으로 출제되며, 시험일로부터 길게는 1년에서 짧게는 6개월 안에 이슈가 됐던 뉴스가 시험 문제로 출제된다. 시사 상식에서 좋은 점수를 원한다면 신문을 매일매일 읽는 것이 도움이 된다.
- 논술과 작문의 주제는 무궁무진하다. 최신 트렌드를 읽고 방송의 흐름을 파악하며, 다양한 주제로 독서를 하는 등의 노력이 필요하다. 또한 작문과 논술의 차이를 파악하고 자신만의 글쓰기 스타일을 만들어야 한다.

필기시험의 경우 시사 상식을 주로 보기 때문에 평소에 꾸준히 준비하고 공부를 해야 합니다. 이렇게 체득된 내공은 상식 시험을 넘어 논술, 토론과 면접, 프레젠테이션에까지 영향을 미칠 수 있으므로 중요한 요소예요.

사실 지원자의 점수 차이는 글쓰기에서 난다고 하더라고요. 특히 논술의 경우, 그 글을 쓰기 위해서는 배경 지식이 필요하잖아요. 그래서 저는 최근 이슈가 되는 어떤 사안에 대해 사건의 의미, 사건의 배경 및 경과, 논점과 쟁점, 대안 및 결론의 형식으로 정리하는 습관을 들였어요. 이렇게 정리하게 되면 토론에 대한 준비도 동시에 할 수 있어 좋아요.

글쓰기를 할 때 염두에 둬야 할 것은 '한 문장으로 요약할 수 있게 명확한 주제를 정해야 한다., 되도록 짧은 문장으로 글을 구성한다., 문단이나 글의 첫 머리에 주장을 말한다., 평이한 주제일수록 특별한 논거를 대야 한다., 모든 것이 심사위원의 입장에서 쓰여져야 한다.'는 것이에요. 작문 시간에 배운 내용에서 크게 벗어나지 않지요? 기본이 가장 중요해요.

또 이렇게 글을 쓰되 자신의 글을 다듬고 다듬어서 완벽하게 문장을 구성하는 연습을 하는 것이 중요합니다.

3 실무·역량 능력 평가 및 인성·적성 검사

- 2차 카메라 테스트를 포함하여 자기소개, 토론, 순발력 테스트, 위급 상황에 대한 대처 방법, 인성·적성 검사 등을 평가한다.
- 실무 면접은 지원자에 대해 좀 더 면밀히 알고자 하는 질문이 많으므로, 자신이 제출한 이력서와 자기 소개서를 보며 모든 내용에 질문을 하고 답변하는 연습을 하는 것이 중요하다.
- 인성 검사는 적성 검사와 유사하며, 성격이나 적성 등의 자신의 특징을 잘 표현하면 된다. 중요한 점은 자신의 솔직한 생각을 드러내되, 상황과 행동, 생각에 일관성을 가지는 것이다.
- 2차 카메라 테스트에서는 뉴스, 소설, 시 등 다양한 원고를 읽거나 지원자와 관련된 이야기를 자연스럽게 나누면서 행동 패턴, 자세, 표정, 가치관, 성격 등을 평가하게 된다.

뉴스 원고를 읽을 때 주의할 점

① 글의 내용 파악하기
준비 시간에 글자와 발음에 연연하기보다, 우선 어떤 내용을 전달하는지를 파악해야 한다. 내용을 파악해야 정확한 끊어 읽기가 가능해지며, 내용을 명료하게 전달할 수 있기 때문이다.

② 원고 읽기 속도 조절
대부분이 원고를 읽다 보면 속도가 빨라진다. 심장 박동수가 빨라지면서 체감 시간이 빨라지다 보니 평소보다 빠르게 읽게 된다고 한다. 그렇게 되면 입술, 혀를 움직이는 시간이 부족하니 발음이 뭉개지거나 조급한 느낌이 든다.

③ 카메라를 바라보는 여유 갖기
원고를 읽는 중 문장의 첫 부분에서 화면을 여유롭게 바라볼 수 있다면 뉴스를 지배하면서 진행하고 있다는 표현일 것이다. 원고를 미리 읽고 카메라를 보면서 진행하면 더욱 자연스럽고 여유로워 보인다.

4 최종 면접

- 1~3차 단계를 합격하면 합숙 평가, 임원 면접, 인턴십 평가 등으로 최종 평가를 받게 된다.
- 합숙 평가에서는 몇 일 동안 함께 생활하며 원고 읽기, 면담, 토론, 문제 해결, 프레젠테 이션 등의 능력을 평가하게 된다.
- 방송사의 임원들 앞에서 면접을 보는데, 최종에 모인 지원자들은 다들 뛰어난 인재들 이므로, 그 중에서 자신을 차별화한 자기소개가 중요하며, 정중한 자세와 태도를 유지 하는 것이 좋다. 자신에게 불리한 질문을 받았다면 솔직한 인정과 반성, 변화의 의지를 담아 답변하는 것이 좋다.
- 인턴십 평가는 3~6개월의 기간 동안 인턴으로 근무하며 업무 능력, 문제 해결 능력 등을 평가하게 된다.

톡
(Talk)!

아나운서가 되려면 방송사의 여러 단계의 시험을 통과해야 하잖아요. 서류 전형, 카메라 테스트, 필기시험, 면접 등이요. 제가 가장 어려웠던 단계는 마지막이었던 최종 면접이었어요. 면접이 거의 끝나갈 무렵, 심사위원 중 한 분이 제게 '마지막으로 심사위원에게 하고 싶은 말이 있다면 하라.'고 하는데, '마지막'이라는 단어에 울컥하더라고요. 한 단계, 한 단계 죽을 힘을 다해 노력했는데, 여기서 떨어지면 얼마나 아깝고 힘들까라는 생각이 들더라고요. 저는 눈물을 참고 이를 악 물고 대답했어요.

"지름길을 찾지 않고, 늦더라고 죽을 힘을 다해 노력한 길을 가고 싶습니다. 열심히 하겠습니다."라고요. 합격한 후에 심사위원들에게 들었는데, 제가 이를 악 물고, 눈물을 참는 모습이 그렇게 간절해 보였다고 하시더라고요.

그렇게 합격하고 첫 방송을 진행하는데, "안녕하세요. 새내기 아나운서……."라며 너무 긴장해서 제 이름을 까먹은 거예요. 그래서 원고를 보고 제 이름을 말했습니다. 하하.

아나운서란 직업의 좋은 점·힘든 점

톡(Talk)!
김완태
MBC 아나운서

| 좋은 점 |

많은 사람들에게 긍정적인 영향을 줄 수 있어요.

어느 새벽이었는데, 문득 사람들이 저에 대해 어떻게 생각할까 궁금하더라고요. 그래서 인터넷에 검색을 해 봤더니 제가 했던 프로그램을 기억하며 '힘들었던 사연을 보냈을 때 따뜻한 말로 위로해 줘서 참 힘이 됐다.'라는 등의 글이 있었고, 글을 읽으며 울컥 했어요.

그때 '한 사람에게라도 긍정적인 영향을 줄 수 있다면, 그것이 내가 언론인으로 사는 본질이겠다.'라는 생각이 들었어요. 아나운서로서 방송을 통해 누군가에게 긍정적인 영향을 주는 것도 중요하다고 생각해요.

톡(Talk)!
윤인구
KBS 아나운서

| 좋은 점 |

다양한 사람들을 만나 그들의 이야기를 가까이서 들을 수 있어요.

직업을 통해 다양한 사람들을 만나고, 그들과 함께 앉아서 그들의 이야기를 나누고, 배우고, 느낀다는 것이 이 직업의 가장 좋은 점이라고 생각해요. 나와 다른 모습을 가진 사람들을 만나면서 늘 배우게 됩니다. 물론, 책이나 TV를 통해 간접적으로 알 수도 있지만, 바로 옆에서 그 이야기를 직접 듣는다는 것은 그 사람의 삶을 고스란히 느낄 수 있어 몇 배의 감동을 받아요.

| 좋은 점 |

신뢰감을 주는 이미지로 인해 실제보다 좋게 평가해 주세요.

'공부 열심히 했구나.', '전문직이다.'라고 평가해 주시고, 실제 능력보다 좋은 이미지로 봐 주시니 감사해요. 아나운서라는 직업을 워낙 신뢰감 있는 이미지로 봐 주시는 덕분에 캠페인 하나에 참여하더라도 더 설득력이 있다고 봐 주시는 것 같아요. 아나운서가 갖는 장점이기도 하고, 의무이기도 해요. 신뢰감 있는 이미지를 활용해서 대중에게 좋은 영향력을 줄 수 있어야 해요.

| 좋은 점 |

다양한 것들을 경험할 수 있어 좋아요.

예능과 오락, 다큐멘터리와 시사, 교양 등 방송 프로그램의 종류는 많고, 정말 다양한 소재와 주제로 만들어져요.

그런 프로그램에 참여하게 되면 저희들도 진행을 하거나 패널들과 토론을 해야 하기 때문에 끊임없이 공부하게 되고 경험할 수 있게 됩니다.

어느 회사에서 이런 것들을 경험해 보겠어요? 정말 다양한 프로그램에서 직간접적으로 많은 경험을 하고, 다양한 분야의 사람들을 만나 소통할 수 있다는 것이 가장 큰 장점입니다.

| 좋은 점 |

지방 방송국의 아나운서는 다양한 역할을 해 볼 수 있어요.

　　서울에 비해 여수 MBC는 아나운서의 수가 적고 해야 할 역할이 많아요. 서울 방송국은 스포츠, 뉴스, 시사 등 개인의 한 가지 캐릭터를 특화시키는 반면, 지역 방송국은 PD, 작가, 캐스터, 라디오 DJ, 뉴스 등을 모두 해야 합니다.

　　나만의 특기가 사라지는 것 같다는 생각도 들 수도 있겠지만 여러 가지 업무를 다양하게 경험해 볼 수 있고, 이를 통해 자신에게 어떤 것이 잘 맞는지 살펴볼 수 있다는 점은 장점이에요.

| 힘든 점 |

아나운서는 늘 선택받고, 평가받는 직업이에요.

　　주도적으로 어떤 일을 맡아 이끌어 가는 것이 아니라 회사나 시청자들에게 선택되어야 방송을 할 수 있어요. 그러다 보니 본의 아니게 중도에 프로그램에서 하차하게 될 때가 있어요. 그런 결정이 하루 아침에 바뀌는 순간에는 기분이 좋지 않습니다.

　　그리고 늘 좋은 평가만 받는다면야 좋겠지만, 그렇지 못할 때는 힘이 들어요. 그 평가가 날카로울 때는 우울감이 들 때도 있어요. 그래서 아나운서는 책임감 있게 방송하고, 스스로 강인해져야 합니다.

톡(Talk)!
윤인구
KBS 아나운서

| 힘든 점 |

방송이 끝나면 허탈감을 느낄 때가 있어요.

방송은 순간의 시간이 지나면 남지 않고 사라진다는 점에서 허탈감이 들 때도 있어요. 가수들이 무대를 마치고 내려오면 쓸쓸함과 적막감을 느끼는 경우가 많다고 하는데, 비슷한 느낌이 아닐까 생각해요.

그래서 방송을 하는 사람들은 말을 통해 비워 낸 것을 다시 채워 넣으려고 하는 갈망이 있어요. 저는 다양한 경험을 하려고 최대한 문화생활도 즐기고, 다양한 곳으로 여행도 가려고 하고, 많은 사람들을 만나려고 노력해요.

톡(Talk)!
전주리
KBS 아나운서

| 힘든 점 |

남들과 다른 시간에 업무를 해야 할 때 힘들어요.

아무래도 새벽 프로그램을 진행하는 일은 힘이 들어요. 새벽 5시 뉴스를 진행한다면, 회사에 3시 30분까지 와야 합니다. 특히, MBN은 24시간 뉴스를 진행했거든요.

4개월 정도 심야 근무를 했었는데, 밤 10시에 출근을 해서 4시까지 매 시간마다 뉴스를 진행하고 퇴근합니다. 밤에 일을 하니 피부도 상하고 체력적으로 정말 힘들더라고요.

방송 시간에 맞춰 생활하다 보니 개인 생활에 제약이 있어요.

일반 직장인들과 다른 생활 패턴 때문에 가족이나 지인들에게 의도치 않게 민폐를 끼치기도 해요. 방송이 가장 우선순위이기 때문에 시간을 같이 보내는 사람의 입장에서는 참 싫을 거예요. 제가 주말 방송을 해야 하는 상황이면 가족 여행을 가더라도 가족들은 토요일 아침에 떠나지만, 저는 방송을 마치고 따로 출발한다거나, 같이 떠났지만 저는 혼자 먼저 돌아와야 하죠.

진행하는 프로그램이 저의 흥미와 성격에 맞지 않기도 해요.

때로는 나에게 어울리지 않는 프로그램을 해야 할 때도 있고, 하고 싶은 프로그램을 못할 때도 있어요. 그때마다 좌절하기 보다는 현재 맡은 프로그램에 충실히 적극적으로 임할 때 좋은 아나운서가 되는 거 같아요.

처음 트로트 성인 가요 노래 자랑 프로그램을 맡게 됐는데 저는 트로트를 별로 좋아하지 않거든요. 한 번은 공개 방송으로 지역 축제에 갔는데, 트로트를 좋아하지 않으니 분위기를 띄우지도 못하고 정말 힘들더라고요. 아나운서는 자신이 하고 싶은 프로그램만 할 수 없기 때문에 한계를 넘어서려는 노력을 끊임없이 해야 하는 거 같아요.

아나운서가 되기 위한 교육 과정

　정규 교육 과정으로 아나운서가 되기 위한 전공의 제한은 없으며, 4년제 대학 이상이면 유리하다. 대학교의 신문방송학과에서 커뮤니케이션에 대한 이해와 미디어 활용 및 실무 능력을 교육받을 수 있다.

　직업 훈련으로는 방송국의 부설 기관이나 대학 부설 기관, 사설 교육 기관, 방송 아카데미 등에서 아나운서가 되기 위한 교육을 받을 수 있다. 방송 아카데미 아나운서 과정에는 지상파 방송사 공채 대비 강좌도 개설되어 있어 지상파 방송사에 입문하기 원할 경우 이에 대한 교육 훈련을 받을 수 있다. 구체적으로 아나운싱, 프로그램 진행, 원고 작성 실습, 면접 대비 스피치 훈련 집중 실습 등의 실습 교육과 논술·작문·시사 상식 등 필기 교육 과정 등이 다양하게 개설되어 있다.

　관련 자격증으로는 국가공인자격증은 없지만, 주요 지상파 방송사 등 채용 시험 응시 시 TOEIC 공인 영어 성적 제출을 요구하는 경우가 많다. 또 KBS에 입사 지원할 경우, KBS 한국어능력시험 성적이 필수적으로 요구된다.

　KBS한국어능력시험은 국민의 국어 사용 능력을 높이고, 문화를 발전시키는 데 기여하기 위해 시행하는 시험으로, KBS(한국방송공사)에서 실시하고 있다.

톡
(Talk)!

TV

　'아나운서가 되기 위해 도움이 되는 전공에는 어떤 학과들이 있을까요?'라는 질문을 많이 하시는데요. 아나운서들의 전공은 제각각 달라요. 같은 아나운서국에 근무하는 아나운서들을 보면, 영어영문학, 정치외교학, 불어불문학, 사회체육학, 가정교육학, 경제학 등 다양한 학문을 전공했어요.

　신문방송학이나 방송 관련 학과가 카메라와 방송국에 대한 전반적인 이해를 돕는 데 도움을 줄 수는 있겠지만, 아나운서로서 반드시 거쳐야 하는 전공은 아니에요. 자신이 좋아하고 관심 있는 학문을 전공해 자신만의 전문성을 갖추는 것이 가장 좋습니다.

아나운서 종사 현황

아나운서의 성별 비율

남자 50%

여자 50%

아나운서의 연령 비율

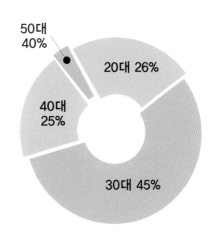

50대 40%

20대 26%

40대 25%

30대 45%

아나운서의 학력 분포

고졸이하		0 %
전문대졸	▏	1 %
대졸	▬▬▬▬▬▬▬	77 %
대학원졸	▭▭▭	21 %

아나운서의 임금 수준(단위: 만 원)

중위(50%)
4,500

상위(25%)
7,500

하위(25%)
3,200

출처: 한국직업정보 재직자 조사

아나운서의

생생 경험담

대학에서 회계학을 전공하며 방송과는 전혀 상관없는 길을 갈 것 같았던 학생이었지만 뒤늦게 나의 갈 길을 발견하고, 1995년 MBC에 입사해 아나운서로 직업 세계에 뛰어 들었다.

어려서부터 사람들 앞에서 사회 보는 걸 즐기고, 학급 장기자랑 시간에 권투 중계를 하던 것이 방송과 관련된 경험의 전부였지만, 아나운서가 인생의 천직이라 여기며 방송 일선에서 방송쟁이로 활약하고 있다.

〈논술세대 장학퀴즈〉란 프로그램을 시작으로 〈사과나무〉, 〈화제집중〉, 〈네버엔딩 스토리〉, 〈로그인 싱싱 뉴스〉, 〈찾아라 맛있는 TV〉 등 교양 프로그램의 MC와 〈MBC 스포츠 뉴스〉, 〈스포츠 하이라이트〉, 〈스포츠 매거진〉, 〈스포츠 특선〉 등 스포츠 프로그램 및 올림픽, 월드컵, 아시안 게임 등 다양한 스포츠 대회에서 캐스터로 활약했다.

방송에서 다양한 사람들이 살아가는 이야기를 늘 인간적이고 따뜻한 시선으로 풀어 나가길 꿈꾸는 평범한 아나운서이다.

MBC (문화방송)
김완태 아나운서

- 현) MBC 아나운서국 부장, 스포츠 팀장
- 1995년 MBC 아나운서국 입사
- 경희대학교 대학원 언론정보학 석사
- 경희대학교 회계학과 졸업

아나운서의 스케줄

MBC
김완태
아나운서의
하루

19:00 ~ 22:00
운동, 가족과 함께 시간 보내기

07:00 ~ 09:00
▶ 아침 식사, 출근

15:00 ~ 18:00
▶ 라디오 뉴스, 방송 준비,
퇴근
18:00 ~ 19:00
▶ 저녁 식사

09:00 ~ 10:30
▶ 아나운서국 보직자
회의

13:30 ~ 15:00
▶ 중계 녹화

10:30 ~ 12:00
▶ 라디오 뉴스, 스포츠 중계 배정 업무
12:00 ~ 13:30
▶ 분장 및 중계 준비

• 2015년 기준

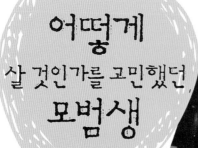

어떻게 살 것인가를 고민했던 모범생

▶ 초등학교 졸업식에서

▶ 초등학교 6학년 베스트 프렌드와 함께

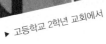

▶ 고등학교 2학년 교회에서

Question 학창 시절, 어떤 학생이었나요?

초·중·고등학교 때는 평범한 학생이었어요. 초등학교 때는 늘 반장을 했었고, 주위에서 공부를 해야 한다고 하니까 공부를 했어요. 별 탈 없이 부모님 말씀 잘 듣고, 교회를 열심히 다니던 모범생이었어요.

Question 어린 시절 꿈은 무엇인가요?

연극배우를 해 보고 싶은 마음이 있었지만, 경제적인 부분이 충족되지 않을 것 같다는 현실적인 생각 때문에 연극배우를 꿈꾸지는 않았어요.

그 외에 무엇이 되어야겠다는 명확한 꿈이 없었어요. 다만 '무엇이 될 것인가'보다는 '어떻게 살 것인가'라는 문제가 더 중요하다고 생각했어요. 어린 학생의 생각치고는 좀 조숙해 보일 수 있지만, 어른이 된 지금도 '어떻게 살 것인가'가 더 중요한 문제라고 생각해요. 어떻게 살 것인가를 생각하면 자연스럽게 무엇이 될 것인지가 결정됩니다.

고등학교 생활 기록부의 장래 희망 란에 '방송인'이라고 썼더라고요. 막연하게나마 방송을 하는 것에 대한 동경이 있었나 봐요. 어릴 때는 TV에서 방영하는 만화의 볼륨을 줄이고 주인공들의 입모양에 맞춰 제 목소리로 더빙하며 놀기도 했어요. 학급 장기 자랑 시간이나 교회 '문학의 밤' 행사를 할 때 사회를 맡고, 좋아하는 노래를 카세트테이프에 녹음해서 친구들에게 선물하기도 했어요.

Question 대학 때 전공은 무엇인가요?

전공은 회계학입니다. 고등학교에서 이과와 문과를 나누잖아요. 고등학교 1학년 때, 아무것도 모르고 담임 선생님과 상의했어요. 선생님께서 "넌 이과보다 문과 쪽이 적성에 맞는 거 같다."라고 조언해 주셔서 문과를 선택했어요. 가서 보니 선생님의 조언이 맞았어요.

그렇게 고등학교 3학년이 되어 대학 전공을 선택하는데, 저를 포함한 대부분의 친구들이 조금 더 나은 대학의 자신의 점수에 맞는 과를 선택했어요. 그래도 취업이 잘 되는 학과를 선택해야겠다는 생각에 회계학과에 진학했습니다.

Question 대학 생활은 어땠나요?

대학 생활 동안 동아리 활동이나 학교 활동보다는 주로 교회에서 성가대, 주일 학교 교사, 문학의 밤 행사 진행 등을 하며 보냈어요. 아르바이트, 무전여행 등 다양한 경험을 더 했어야 했는데 하는 아쉬움이 있기도 합니다. 어떤 직업을 갖든지 젊었을 때의 다양한 경험은 살아가면서 도움이 되는 것 같아요. 이상한 사람을 만났던 사소한 경험조차도 훗날 회사에서 이상한 상사를 만났을 때 견디고 대처할 수 있는 힘이 될 거예요.

▶ 대학교 3학년 교회 성가대 연습이 끝나고 친구들과

Question 대학 시절 진로에 대한 고민은 없었나요?

방송에서는 늘 밝고 유쾌한 모습을 보여드렸지만, 대학 시절에는 진로에 대한 고민으로 많이 우울했어요. 원하던 대학교에 진학하지 못했던 것과 학과 공부가 적성에 맞지 않았기 때문이에요. 대학교 3, 4학년 시절의 일기를 보면 미래에 대해 두렵고 암울하게 생각하고 있고, 우울함을 억누르고 있다는 것을 느낄 수 있더라고요.

이러한 우울함은 아나운서가 되어 날려 버릴 수 있었어요. 다양한 사람들을 만나면서 긍정적인 에너지를 받고, 저 스스로도 일에 만족하고 즐겁다 보니 자연스레 밝은 성격으로 바뀌더라고요. 그 후 더 행복하게 살려고 노력하게 됐어요.

▶ 입사 후 연수 기간 입사 동기들과 함께

▶ 대학교 2학년 친구와 여행 중

▶ 입사 1년차 〈장학퀴즈〉 프랑스 출장을 가서

백화점에서 양복 파는 일을 한 적이 있어요. 손님이 오면 어울리는 스타일의 양복을 골라서 추천해 드렸어요. 일을 한 지 일주일이 되니, 얼굴만 봐도 양복을 살 사람인지, 까다로운 사람인지 등의 특징이 보이더라고요. 사람을 많이 만나면 그 사람이 어떤 사람인지 빨리 알 수 있게 되고, 의사소통을 하는 데도 도움이 돼요. 사회생활을 하다 보면 의사소통을 잘하는 친구들, 사람들과 잘 어울리는 친구들이 성공하는 경우가 많더라고요. 그러니 사람들과 대면하는 직업을 원한다면, 의사소통 능력을 기를 수 있도록 사람을 많이 만나 보세요.

Question 아나운서가 된 계기는 무엇인가요?

군대에 다녀온 후부터 진로에 대해 고민하기 시작했어요. 우선, 회계사와 방송인을 염두에 둔 채 '그 중 부모님께서 원하시는 직업을 가져야겠다.'라고 생각했어요. 아버지께서 원하는 직업을 여쭤 보니, "회계학을 전공했는데, 회계사가 돼야지."라고 하시더라고요. 회계사가 되기 위해 휴학을 하고 고시원으로 들어가 시험을 준비했어요. 그런데 정말 저와 맞지 않는다는 생각이 들더라고요. 그렇게 3개월 만에 회계사 시험을 포기하고 고시원을 나왔어요. '4학년인데, 이제 난 뭘 해야 할까?'라는 고민에 많은 방황을 했어요.

▶ 대학교 3학년 후배와 함께

그러다가 우연히 서울 MBC 공개 채용 모집 공고를 보게 됐어요. 어린 시절, 연극배우에 대한 동경이 있었기 때문에 '방송을 하면 많은 사람들 앞에 선다는 점이 비슷하지 않을까?'라는 호기심에 방송국에 입사 지원서를 넣었어요. 그리고 6차 시험까지 무려 석 달 반의 시간 동안 시험을 봐서 합격할 수 있었어요.

총 6차의 시험을 거쳤습니다. 1차는 카메라 테스트로, 심사위원들이 여럿이 앉아 뉴스나 DJ 멘트하는 것을 지켜봅니다. 실물도 중요하지만 화면에 잘 나오는지 보는 거예요. 1차에서 많은 지원자들이 탈락합니다.

2차는 필기시험으로, 각종 상식 문제가 나오는데 국어, 경영, 경제, 문화, 정치, 방송 등 분야를 가리지 않고 다양한 문제가 출제됩니다. 특정 주제를 주고 그에 대한 작문이나 논술로 평가합니다. 시험 문제는 방송국 사원들이 직접 출제하는데, 굉장히 어려워요.

3차는 집중 면접입니다. 필기시험을 본 사람 중 1/10정도만 합격합니다. 중요한 것은 질문에 대한 정답을 맞히는 것이 아니라 지원자가 어떤 가치관을 갖고 있는지, 어느 정도의 적응 능력을 갖고 있는지 평가하는 것입니다.

3차 면접을 통과한 사람들은 4차로 하루 동안 합숙소에 들어가 토론 능력, 프레젠테이션 능력, 문제 해결 능력 등을 다양하게 평가받습니다.

5차로는 임원진 면접을 진행하고, 5차 시험까지 통과한 합격자들은 마지막인 6차로 신체검사를 받습니다.

최종 입사가 결정된 합격자들은 3개월의 수습 기간을 거치는데, 그 기간을 통과하면 정식 사원이 됩니다.

최종 면접에 올라가면 모두 쟁쟁한 사람들만 남게 됩니다. 그 중에서 선택된다는 것은, 다른 사람들보다 더 잘나서가 아니라고 생각해요. 저와 함께 면접을 본 사람들 역시 저보다 학벌이 좋거나 잘생기거나 현직에서 활동하는 사람들이었어요. 방송국에서 채용할 때는 완성된 그림 같은 사람보다는 질이 좋은 백지 같은 사람을 선호하는 것 같아요. 이미 그림을 그려 놓은 사람보다는 질 좋은 백지 같은 사람이 조직에서 원하는 그림을 그릴 수 있기 때문이죠. 방송사에서는 항상 무언가를 창조해야 하기 때문에 틀에 박힌 말과 행동을 하는 사람보다 자신만의 시각을 가지고 새로운 것을 창조할 수 있는 사람을 필요로 합니다.

'좋은 질'이라는 것은 좋은 심성을 갖고, 따뜻한 시선으로 세상을 바라보는 것을 의미합니다. 저도 처음엔 몰랐는데 직접 신입 사원의 면접을 보거나 많은 사람을 만나 인터뷰를 하다 보면, 사람은 기본적인 심성이 좋아야 한다는 걸 알게 되더라고요. 특히, 방송사에서는 기본적인 바탕을 중요하게 생각합니다.

Question 입사 시험을 치면서 에피소드가 있나요?

4차로 합숙하면서 시험을 치는데, 한 번은 큰 잡지와 필기구를 주고 프레젠테이션을 하라는 미션을 받았어요. 대부분의 지원자들은 종이를 잘라 붙입니다. 그런데 한 지원자가 그 종이로 배를 접어서 그걸로 프레젠테이션을 했어요. 모두가 자르고 붙일 때, 입체적으로 만들어 설명할 수 있다는 것은 정말 획기적인 일이었어요. 그 지원자는 시험에 합격해서 현재 PD로 활동하고 있어요. 이렇게 창조적인 사람이 프로그램을 잘 만들더라고요. 늘 남들과 똑같이 생각하는 것이 아니라, 남들이 생각하지 않은 방식으로 하는 사람이죠.

Question 시험을 준비하며 고민이나 갈등은 없었나요?

아나운서 시험을 석 달 반 동안 봤기 때문에, 이 시험에서 떨어지면 어디에도 갈 데가 없다고 생각했어요. 최종 3명 중에 1명이 합격을 하는데, 너무 떨리고 궁금해서 전화로 올해의 운세를 물어봤다니까요. 하하. 생년월일을 입력했더니, "당신은 올해 시험을 보면 장원 급제 할 팔자입니다."라고 하더라고요. 그리고 4일 뒤 발표가 났는데 정말 합격했어요. 지금도 이 일을 할 수 있다는 것이 감사하고, 맡은 일에 최선을 다할 수 있는 힘이 돼요.

방송사마다 채용 방식은 어떻게 다른가요?

KBS는 서울에서 한 번에 뽑아 서울, 수도권, 지역권 등으로 발령합니다. 서울에서 뽑히더라도 원주나 제주도와 같은 지역권에서 일할 수도 있는 것이죠.

반면, MBC는 계열사의 개념이라서 서울과 지역권이 별도로 채용을 합니다. 지방의 MBC에서 일하다가 서울 MBC에서 일하고 싶다면, 다시 서울 MBC로 지원해서 시험을 봐야 하는 것이죠.

각 방송국마다 원하는 인재상이 있기 때문에, 하나의 방송국에 떨어졌더라도 자신의 색깔을 인정해 줄 방송국이 있다고 생각해요. 아마 지상파 3개 방송국의 급여는 대동소이할 거예요.

Question **아나운서가 되기 위해서는 어떤 준비를 해야 하나요?**

아나운서라는 직업은 세상 사람들의 다양한 이야기를 전하는 일을 하기 때문에 다양한 경험을 한 사람들이 잘할 거라고 생각합니다. 실제 아나운서 중에서도 많은 경험을 해 본 사람들이 방송을 잘하기도 하고요. 저 역시 많은 방황을 했어요. 겉모습은 모범생이었지만 심리적인 갈등이 많았어요.

예를 들어, 라디오 DJ를 하는데 가출을 한 학생이나 성적이 안 나와 괴롭다는 학생의 사연이 온 경우, 내가 경험이 적다면 그만큼 상대방의 이야기에 공감할 수 있는 부분이 적어지죠. 모든 것을 다 경험할 수는 없겠지만, 비슷한 경험이 있다면 공감대를 형성하고 진심에서 우러나오는 이야기를 나눌 수 있습니다.

뉴스 앵커라면 세상의 이치를 전달하려는 지적이고 이성적인 모습을 보여야 하지만, 아나운서는 타인의 삶에 공감할 수 있어야 하는 직업입니다. 그래서 아나운서들은 영화나 음악을 보는 등 감성을 일깨울 수 있는 활동을 많이 하기도 합니다.

편안하고 친근한
아나운서가 되어
따뜻한 이야기를
전하고파

▶ 라디오 〈깊은 밤엔 락이 좋다〉 DJ 시절

▶ 2011년 〈F1 코리아 그랑프리〉 오프닝 녹화 중

▶ 2014 인천 아시안게임 역도 경기 중계 전
이배영 해설위원과 함께

▶ 김연아 선수 중계를 위해 크로아티아 출장 중
후배 PD와 함께

아나운서라는 직업에 대해 소개해 주세요.

아나운서가 하는 일을 크게 나눠 본다면, 기본적으로 TV와 라디오 뉴스 진행을 하고요. 그 외에 시사·교양·예능 등의 프로그램의 MC와 패널을 맡기도 하고, 라디오 DJ, 내레이션, 스포츠 캐스터 등의 일을 해요. 결국 방송에서 얼굴과 목소리를 낼 수 있는 모든 프로그램에 투입됩니다. 방송의 최전선에서 시청자와 만나는 직업이라고 할 수 있죠.

▶ 스포츠 뉴스를 하던 시절 뉴스 센터에서

요즘은 아나운서의 업무가 점점 세분화되어 다양해지고 있어요. 예전에는 아나운서가 기상 캐스터, 스포츠 캐스터의 역할도 모두 했지만 지금은 따로 나눠져 있어요.

그리고 또 다른 분야의 일이 생기기도 해요. 2000년대에 넘어오며 아나운서가 예능 프로그램 등 다양한 분야로 투입되고 있거든요.

Question **처음 아나운서가 되고 어떤 일을 했나요?**

제가 입사했을 때 파업이 일어나 선배들로부터 현장 교육을 제대로 받지 못했어요. 카메라 앞에 한 번 서 본 적도 없이 〈장학퀴즈〉라는 프로그램의 MC로 투입됐어요. '카메라에 빨간 불이 들어오면 촬영 중이다.'라는 사실 밖에 모르고 들어간 거지요. 촬영 도중 모니터를 보는데, TV에 나오는 제 모습을 처음 본 거예요. 너무 신기해서 모니터만 쳐다보며 녹화를 했어요. 나중에 녹화된 방송을 다시 보니 시선을 모니터에만 고정시킨 채 진행을 하더라고요. 지금 생각하면 너무 창피해요.

Question 현재 어떤 일을 하시나요?

아나운서는 방송하는 시간에만 일한다고 생각하기 쉽지만, 사실 그렇지 않습니다. 제가 야구 경기의 하이라이트를 방송하는 10분짜리 프로그램을 진행하는데, 4개의 야구 경기를 모두 보고 특이 사항을 기록하고 어떻게 중계할지 준비하고, 관련 분야를 공부해야 합니다. 아나운서의 일은 방송을 하는 시간이 1/10이라면, 방송을 준비하는 시간이 9/10입니다. 다양한 책도 읽고, 다른 방송을 모니터하는 등 자신이 맡은 프로그램을 진행하는 데 도움이 될 만한 것들을 연구해야 하는 직업입니다.

또, 방송 외의 업무들도 합니다. 〈우리말 나들이〉 등의 프로그램을 만들며 PD의 역할을 하기도 하고, 아나운서협회의 책자를 만들거나 홈페이지를 기획·제작하기도 합니다. 의외로 방송에서 보지 못하는 방송 외적인 일들이 많아요.

Question 스포츠 캐스터의 매력은 무엇인가요?

그때그때 나이 대에 어울리는 프로그램이 있습니다. 예를 들어, 20대에는 MC와 DJ를 주로 합니다. 사람은 나이가 들지만 프로그램은 그 콘셉트가 변하지 않잖아요. 그러니 나이가 들면 그 프로그램에 어울리는 후배에게 자리를 내줘야 합니다. 늘 하나의 자리를 지킨다는 것은 쉽지 않은 일이죠.

▶ 2011년 〈F1 코리아 그랑프리〉 중계

반면, 스포츠 캐스터는 나이와 관계없이 자신의 역량을 발휘할 수 있다는 것이 장점입니다. 자신이 공부하여 지식과 실력을 쌓는 만큼 역량을 발휘할 수 있거든요. 주어진 형식에 따라 미리 써 놓은 대본을 읽는 것이 아니라, 캐스터가 직접 경기 자료를 수집하고 정리하여 경기 흐름에 따라 진행해 간다는 점에서 마음껏 역량을 발휘할 수 있습니다. 작가이자 연출가, 캐스터 등의 역할을 하는 것이죠. 누구도 대본을 써 주지 않고, 중계가 이뤄지는 중간에는 누구도 방송을 끊을 수가 없어요. 그래서 아나운서로서 완숙함을 드러낼 수 있는 분야가 스포츠 캐스터라고 말합니다.

교양이나 예능 방송은 1시간 분량의 방송을 위해 10시간 동안 촬영하는 일도 많지만, 스포츠 중계는 경기가 끝나는 동시에 중계도 끝이 나니 녹화도 깔끔해요.

Question 가장 기억에 남는 중계 경기는 무엇인가요?

2009년 야구에서 기아가 극적으로 우승했던 경기와 2014년 김연아 선수의 마지막 갈라 무대가 기억에 남네요. 마지막 경기라고 생각하니 울컥해서 울먹이면서 중계를 했어요.

또, 베이징 올림픽 때 〈무한도전〉 팀과 핸드볼 경기를 중계했던 것이 기억에 남아요. 제가 노홍철 씨와 정형돈 씨를 도와주는 장면이 나와서 본의 아니게 착한 이미지가 입혀지기도 했어요. 하하. 많은 경기를 중계했지만 예능 프로그램 형식으로 재미있게 한 것은 색다른 경험이라 기억에 남아요. 시청자들의 반응도 좋았고요.

Question 스포츠 캐스터로서 전문성을 높이기 위해 어떤 노력을 하나요?

많은 스포츠 종목 중 어떤 종목의 경기를 중세할지 모르기 때문에 정말 많은 공부와 준비를 해야 합니다. TV에 나오는 시간이 잠깐이기 때문에 '쉽게 일한다.'고 오해하는 사람들도 있어요. 하지만 방송을 하는 사람들은 게으르면 안 돼요. 꼭 학문이 아니더라도 세상 돌아가는 모든 이야기에 촉각을 세워 알고 있어야 합니다. 필요에 따라서는 방영되고 있는 모든 예능과 드라마 등의 내용을 파악하려고 챙겨 보기도 해요.

어떤 스타일의 아나운서인가요?

저는 편안하고 친근한 아나운서가 되기를 원합니다. 그래서 제 모습이 망가지더라도 프로그램에 녹아드려는 스타일이에요. 방송을 하다 보면, 좋은 이미지만 보여 주려고 자신의 모습을 숨기는 사람들이 있어요. 하지만 저는 실제의 제 모습과 방송에서의 모습이 같아지도록 노력해요. 저는 재미있고 따뜻한 이야기, 제 마음을 담은 이야기를 전하고 싶은데 뉴스는 그러면 안 되잖아요. 그래서 제가 하고 싶은 이야기를 유쾌하게 할 수 있는 스포츠 중계에 애착이 갑니다.

Question **아나운서로서 성취감을 얻는 부분은 무엇인가요?**

어느 새벽이었는데, 문득 사람들이 저에 대해 어떻게 생각할까 궁금하더라고요. 그래서 인터넷에 검색을 해 봤더니 몇몇 사람들이 제가 했던 프로그램을 기억하며 '이제는 목소리를 들을 수 없어 아쉽지만, 힘들 때 사연을 보낸 적이 있는데 따뜻한 말로 위로해 줘서 참 힘이 됐다.'라는 등의 글이 있더라고요. 그 글을 읽으며 울컥 했어요.

▶ 라디오 DJ 시절

그때 '한 사람에게라도 긍정적인 영향을 줄 수 있다면, 그것이 내가 언론인으로 사는 본질이겠다.'라는 생각이 들었어요. 아나운서로서 방송을 통해 누군가에게 긍정적인 영향을 주는 것도 중요하다고 생각해요. 그래서 다시 한 번 '방송을 통해 좋은 영향을 주는 삶을 살자.'라는 다짐을 했어요.

제가 라디오 DJ 일을 좋아했던 이유는 청취자들의 피드백을 바로 받을 수 있다는 것이었어요. 새벽 3시에 하는 라디오를 누가 들을까 싶지만, 한 사람이라도 저의 라디오를 듣고 있다면 저는 그것으로 행복합니다.

그리고 맡은 프로그램의 시청률이 잘 나오면 회사에서 인정받는 기분이 들어 좋기도 하지만 가장 보람을 느끼는 순간은 시청자들이 방송이 재미있고, 유익했다고 말해 줄 때입니다.

Question 기억에 남는 방송이 있다면 무엇인가요?

여러 사람들을 만나 지나온 삶의 이야기를 듣는 〈네버엔딩 스토리〉라는 프로그램이 있었어요. 2008년 당시 제가 마흔 살 이었는데, 그 프로그램에 주인공으로 출연하게 됐어요. 대한민국의 40대 남자로서, 쟁쟁한 후배들이 치고 올라오는 회사의 회사원으로서의 삶을, 강원도 횡성에서부터 여의도까지 40km씩 3일 동안 총 120km를 걸으며 이야기하는 것이

▶ 2008년 〈네버 엔딩 스토리〉 몽골 촬영 당시

었어요. 몸은 힘들었지만 걸으면서 나 자신을 돌아볼 수 있었다는 것과 중간에 만난 사람들과 진솔한 이야기를 나눌 수 있어서 기억에 남아요. 걷고 이야기하면서 제 스스로도 많은 생각과 각성을 할 수 있었어요. 마흔이 된다는 것은, 30대로 살아온 것과는 다르다는 것을 깨달았어요. 이를 계기로 세상을 좀 더 긍정적으로 보게 되었고, 사람들을 대하는 저의 태도에도 변화가 생겼어요.

Question 힘든 점은 무엇인가요?

아나운서는 늘 선택받는 직업이에요. 주도적으로 어떤 일을 맡아 이끌어 가는 것이 아니라 회사나 시청자들에게 선택되어야 방송을 할 수 있어요. 그러다 보니 본의 아니게 중도에 프로그램에서 하차하게 될 때가 있어요. 그런 결정이 하루아침에 바뀌는 순간에는 기분이 좋지 않습니다.

방송을 잠깐 쉬기라도 하면 주변에서는 "요즘 왜 안 나와?"라는 이야기를 합니다. 20년 동안 방송을 하다 보면 쉴 때도 있는데, 사람들은 그렇게 생각하지 않거든요.

또, 많은 대중들에게 평가받는 직업입니다. 늘 좋은 평가만 받는다면야 좋겠지만, 그렇지 못할 때는 힘이 들어요. 그 평가가 날카로울 때는 우울감이 들 때도 있어요. 그래서 아나운서는 책임감 있게 방송하고, 스스로 강인해져야 합니다.

 방송 사고가 난 적이 있나요?

라디오 뉴스를 진행할 때였어요. 밤 12시 라디오 뉴스를 하고 난 뒤 회사에서 숙직하고 새벽 5시에 다시 뉴스를 해야 했어요. 숙직은 큰 사고가 발생했을 때 속보를 해야 하기 때문에 필요합니다. 4시에 알람을 맞추고 잤는데 알람 소리를 못 듣고 2분 전에 깬 거예요. 눈 뜨자마자 정신이 번쩍 들며 4층 숙직실에서 7층 스튜디오까지 뛰기 시작했어요. 뛰다 보니 뭔가 허전하더라고요. 바지를 안 입은 거예요. 하하.

순간 멈춰 서서 '바지를 입어야 하나 늦지 말아야 하나.' 고민하다가 다시 바지를 가지러 뛰어 갔어요. 30초 전에 도착해서 숨도 고르지 못하고 방송을 했어요. 숨이 진정되려면 10여 분이 걸리는데 헐떡이며 그냥 방송을 했어요. 사람들에게 '신음하는 에로 뉴스'라는 소리를 듣기도 했죠. 결국 인사위원회에서 징계를 받았어요.

Question 아나운서로서 부족하고 느끼거나 아쉬운 점은 무엇인가요?

다행히 요즘은 개성을 인정받는 시대라 저만의 개성으로 어필할 수 있지만, 그래도 가끔은 아나운서인 만큼 '좀 더 좋은 외모와 목소리를 가졌더라면 좋겠다.'는 생각을 하기도 했습니다. 제 목소리는 좀 독특해서 목소리가 굵은 아나운서들이 부러울 때가 있었어요. 외모가 그리 중요한 것은 아니지만, 많은 사람들에게 보이는 직업이다 보니 외모를 무시할 수는 없거든요. 제가 아나운서 시험을 칠 때는 제 키가 작은 편이 아니었는데, 요즘 후배들은 키도 크고 외모도 출중합니다. 하지만 이미 저만의 편안한 이미지로 시청자들에게 각인되어 바꿀 필요는 없다고 생각해요.

Question 직업 선택에 대해 후회한 적은 없나요?

힘든 점이 있긴 하지만, 후회는 하지 않아요. 아나운서만큼 나에게 잘 맞고, 나의 능력을 잘 발휘할 수 있는 직업은 없다고 생각해요.

단지 이제는 아름다운 마무리를 계획할 때라고 생각해요. 보통 아나운서로 10년 정도 지내고 나면 고민을 하는 것 같아요. '계속할 것인가? 더 발전할 수 있는가? 이 길을 잘 가고 있는가?'라는 등으로 판단을 합니다. 아나운서 생활 20년쯤 되면, 돌이키거나 후회하는 것은 의미가 없고, '어떻게 아름답게 마무리할 것인가?'를 생각하게 됩니다. 욕심도 줄어들고, 후배들이 커 나가는 모습을 지켜보고 싶다는 생각도 들어요.

Question 멘토는 누구인가요?

콕 집어 누군가를 닮고 싶다고 생각한 적은 없습니다. 단지 여러 사람의 장점을 받아들이고 싶어요. 사람들마다 어떤 장점이 있는지 알고, 닮으려고 노력해요. 뉴스 분야에서 손석희 앵커는 인터뷰를 정말 잘해요. 사람을 몰입시키고 신뢰감을 줍니다. 제가 추구하는 바는 즐거움을 주는 방송이지만, 아나운서는 기본적으로 신뢰감을 줘야 한다는 점에서 닮고 싶어요. 스포츠 중계 분야에서 故송인득 야구 캐스터는 야구에 열정이 대단하신 분이었어요. 또, 이재용 아나운서는 정말 편안하고 정감 있는 방송을 합니다. 방송에서 보이는 모습과 실제 삶의 모습이 비슷하다는 점에서 제가 추구하는 바와 같아요. 저도 그런 장점을 닮아 좀 더 편안하고 좋은 방송을 하고 싶어요.

Question ## 아나운서에 대한 주변의 인식은 어떤가요?

요즘은 어떤지 모르지만 예전에는 아나운서는 마치 다 차려 놓은 밥상에 숟가락만 올린다는 듯한 시선을 받기도 했어요. 아나운서는 PD와 작가, 많은 스태프들이 힘들게 만들어 놓은 프로그램에 마지막에 나타나 쉽게 대본만 읽고 사라진다는 생각에 미안할 때도 있었어요.

▶ 인천 아시안게임 당시 해설위원. 스태프들과

하지만 어느 조직에나 역할이라는 것이 있어 개개인이 저마다 잘할 수 있는 일을 하는 것이죠. 아나운서는 PD의 역할을 못하지만, PD는 아나운서의 역할을 못할 거라고 생각해요.

또, 방송에 좋은 모습이 비춰지다 보니 바르고 좋은 직업이라는 인식이 있었어요. 반면에 아나운서는 다른 직업에 비해 엄격한 잣대로 평가받기도 합니다. 평소 좋은 이미지가 쌓인 만큼 실수나 잘못을 했을 때는 엄격하게 비판받고 책임을 묻습니다. 한 번은 운전을 하다가 말다툼이 벌어졌는데, '아나운서가 이렇게 말해도 되는 거냐.'고 하더라고요. 잘잘못과 관계없이 시비가 붙어서도 안 되고, 늘 바른 언행을 요구받다 보면 피곤할 때도 있어요.

Question ## 수입은 어느 정도인가요?

아나운서라고 해도 같은 기준을 적용하기가 어렵습니다. MBC, KBS, SBS, 케이블, 종합 편성 채널 등 각 방송국마다 달라요. 그리고 방송인이라고 해서 일반 직장인보다 더 많은 월급을 받는 것은 아닙니다. 하나의 방송국 내에서는 같은 호봉의 기자, PD, 아나운서가 같은 월급을 받습니다. 아나운서가 방송 출연을 하게 되면 시간 외 수당을 받긴 하지만, 연예인과 같이 많은 출연료를 받는 것이 아니라 시간당 1~2만원 수준입니다. 일반적인 대기업 직장인과 비슷한 수준일 겁니다. 직급이 낮을 때 대기업보다 높은 수준이고, 부장 급으로 넘어가면 대기업보다 낮은 수준이에요.

Question 하루 일과는 어떤가요?

아나운서 역시 방송사라는 회사에 속한 회사원이라 8시간을 근무합니다. 현재 저는 저녁 방송을 하기 때문에 오후 3시에 출근해서 밤 12시쯤 퇴근합니다. 만약, 아침 뉴스를 한다면 새벽 4시쯤 나와서 낮 12시에 퇴근하는 등 방송 스케줄에 맞게 근무 패턴이 정해집니다.

Question 아나운서라는 직업에 필요한 역량이나 자질은 무엇인가요?

남들 앞에 서는 것을 좋아하고, 자신 있게 말할 수 있어야 하는 직업입니다. 일반적으로 아나운서는 말을 잘해야 한다고 생각하겠지만, 오히려 말을 잘 들어야 하는 직업이에요. MC나 DJ는 상대방의 말을 듣고 난 뒤 이어서 말을 하는 것이기 때문에, 우선 잘 들어야 합니다. 다른 사람들의 이야기를 경청하고, 삶에 대해 깨달을 수 있어야 합니다. 또, 세상을 따뜻하게 바라보는 시선이 필요합니다. 기자는 날카로운 시선으로 바라보지만, 아나운서는 세상이 살만한 곳이라는 따뜻한 시선을 가지는 것이 중요하다고 생각해요.

또, 아나운서는 시청자를 상대로 이야기하기 때문에 약속을 잘 지키고, 책임감 있는 사람이어야 합니다. 방송 시간에 늦는다거나, 자신이 뱉은 말과 다르게 행동하는 등 책임감이 없다면 방송인이 될 수 없어요. 스스로를 잘 컨트롤하고 책임감 있게 행동한다면 좋은 아나운서가 될 수 있다고 생각해요.

Question 직업병은 무엇인가요?

사람들이 모이면 저도 모르게 진행을 하게 돼요. 그래서 아나운서들의 모임이나 회의가 있으면 진행을 하기가 힘이 들어요. 다들 말이 많거든요. 그리고 누군가 틀린 문법이나 맞춤법을 사용하면 바로잡는 버릇이 있어요.

앞으로의 계획이나 꿈은 무엇인가요?

방송한 지 19년이 되었고, 은퇴하기까지 앞으로 14년이 남았는데, 이쯤이 되니 차차 제2의 인생을 계획해야겠다는 생각이 들어요.

아나운서는 경제적인 부분이나 사회적 인정을 받는 면에서 좋은 직업입니다. 충분히 만족스러운 직업 생활을 하고 있지만, 앞으로의 내 삶에서 중요한 것이 무엇일까를 생각했을 때는 새로운 길을 가고 싶다는 마음도 들어요. 아나운서로서 할 수 있는 것은 모두 해 봤기 때문인 것 같아요. 이제는 더 크고 좋은 프로그램을 만드는 것보다 새로운 분야에 도전해 행복을 느끼고 싶다는 생각이 있어요.

그래서 '은퇴한 이후에 방송 이외에 내가 사람들에게 행복을 줄 수 있는 것이 뭘까?'라고 고민하다가 그것이 요리라는 생각이 들었어요. 맛있는 음식을 먹는 건 누구에게나 행복한 일이잖아요. 저는 어디서든 맛있는 음식을 먹게 되면, 어떤 재료가 들어갔는지 보고, 어떻게 맛을 내는지 직접 만들어 보거든요. MBC에는 안식년이 있어요. 그때 요리 학원에 다니며 요리를 배우려고 계획하고 있어요. 사람들이 맛있는 음식을 먹고 행복해하고, 맛 외에도 다양한 즐거움을 줄 수 있는 요리를 하고 싶어요.

새로운 분야에 도전하게 된다면, 방송에 대해 미련은 갖지 않을 거예요. 후회 없이 사랑했으면 헤어지고 나서도 미련이 남지 않는다잖아요. 실컷 사랑하고 즐겁게 일했기 때문에 미련 없이 새로운 인생을 찾을 수 있다고 생각해요.

진로를 고민하는 학생들에게 한마디 해 주세요.

뭘 잘했는지, 뭘 좋아했는지가 직업 선택과 관련이 있습니다. 학생들도 뭘 하면 행복할지, 뭘 하면 보람을 느끼고 책임감을 느낄지 고민하는 것이 중요하다고 생각해요.

'제일 잘하는 것을 직업으로 삼고, 좋아하는 것을 취미로 삼으라.'는 말이 있는데, 저는 좋아하는 것을 어느 정도 잘했기 때문에 아나운서가 되어 만족스러운 직업 생활을 할 수 있었다고 생각해요. 잘하더라도 싫어하는 일을 직업으로 삼으려면 불행할 거예요. 인생에서 직업에서 느끼는 행복이 차지하는 부분이 크거든요.

아나운서를 꿈꾸는 학생들에게 하고 싶은 말씀이 있다면 무엇인가요?

스타가 되겠다거나 돈을 많이 벌겠다는 생각은 하지 않았으면 좋겠어요. 아나운서는 방송을 통해 누군가의 삶이 긍정적으로 변화고 생활이 즐거워진다면, 그것을 행복으로 삼는 직업입니다.

사실 방송을 하다 보면 욕심이 생기게 마련입니다. 자신의 이름도 알리고 싶고, 돈도 벌고 싶어지죠. 하지만 결국엔 그 욕심이 발목을 잡습니다. 중요한 것은 항상 초심을 잃지 않는 것입니다. 내가 방송을 하려고 했던 이유가 무엇인지를 늘 생각해야 합니다. 저 역시 흔들릴 때마다 초심으로 돌아가려고 노력해요. 그저 방송을 통해 행복을 얻을 수 있다는 것에 감사해요. 아나운서는 노력도 중요하지만, 특히 타고나는 부분에 많은 영향을 받는 직업이에요. 자신이 아나운서로서의 자질이 있는지 객관적으로 보지 못한다면, 주변 사람들에게 물어보는 방법도 좋습니다.

아나운서를 꿈꾸는 학생들을 대상으로 강의를 할 때 긍정적인 면만 이야기해 주고 싶지만, 그것이 희망 고문이 되지 않을까 걱정되기도 해요. 그래서 저는 아나운서 시험을 준비한다면, 딱 3번만 보라고 조언해요. 스스로 제한시간을 두고 안 되면 포기할 줄도 알아야 합니다. 오히려 다른 큰 장점이 있는데, 맞지 않는 직업에 시간을 낭비할 수 있으니까요.

최선을 다했는데도 되지 않는다면 미련 갖지 않기를 바랍니다. 자신의 욕심도 중요하지만 자신과 맞는 직업인지 냉철하게 아는 것도 중요합니다.

나랏일 논하는 집안 어른들을 많이 보고 자란 탓에 나라를 위해 무엇인가 보탬이 될 수 있는 사람이 되어야겠다는 생각을 했다. 게다가 이곳저곳 다니는 것을 좋아해 외교관을 꿈꿨으나 정작 고시 준비는 하지 않았다.

군 복무 시절 현실을 자각하고 불안한 미래에 대해 고민하기 시작하면서 나의 존재감을 널리 알릴 수 있고, 다양한 사람들을 만날 수 있는 직업이 무엇일까 찾던 중 그 조건을 충족시킬 수 있는 것이 아나운서라는 걸 알게 되었다.

KBS 프로그램의 자료 조사원으로 아르바이트를 하면서 아나운서라는 직업에 대해 사전 탐색을 하기도 했다.

수백 대 일의 경쟁을 뚫고, 1997년 만 24살의 앳된 나이에 KBS 아나운서가 되었고, 그렇게 시작한 방송이 어느덧 19년째이다.

매사 완벽을 추구하는 편이라 스스로 힘들 때도 있지만 수줍음 많고 내성적인 줄만 알았던 나에게서 잠재해 있던 또 다른 윤인구를 찾아 준 아나운서란 직업에 늘 감사하며 삶을 즐기고 있다.

지방 순회 근무 후 〈연예가중계〉 리포터로 시작해 〈도전 골든벨〉, 〈청춘 신고합니다〉, 〈러브 인 아시아〉, 〈TV쇼 진품명품〉 등 KBS를 대표하는 다수의 프로그램들을 진행했고, 지난 2013년 봄부터는 KBS 1TV 〈아침마당〉을 진행하고 있다.

KBS (한국방송공사)

윤인구 아나운서

- 현) KBS 아나운서국 아나운서
- 아나운서실 한국어연구사업팀장
- 2010년 성신여자대학교 미디어커뮤니케이션학과 겸임교수
- 2007~2008년 숙명여자대학교 언론정보학부 겸임교수
- 1997년 KBS 아나운서 입사
- 연세대학교 대학원 언론홍보학 석사
- 연세대학교 사회복지학과 졸업

아나운서의 스케줄

KBS
윤인구
아나운서의
하루

20:00 ~ 22:00
▶ 가족과의 시간

05:00 ~ 06:00
아침 식사, 출근
06:00 ~ 07:00
업무 회의

16:00 ~ 18:00
▶ 방송 내용 관련 자료 조사
19:00 ~ 20:00
▶ 퇴근, 저녁 식사

07:00 ~ 08:20
〈아침마당〉 출연자 미팅,
리허설
08:20 ~ 10:00
〈아침마당〉 생방송 진행
리허설

14:00 ~ 16:00
▶ 한국어사업 관련 회의
(한국어 포스터 기획,
제작 업무)

10:00 ~ 12:00
▶ 다음 날 아침마당 내용 회의
13:00 ~ 14:00
▶ 특집 방송 관련 회의, 녹화

• 2015년 기준

친구들에게 등 떠밀려 리더가 되었던 **학창 시절**

▶ 할아버지. 아버지. 동생과 함께

▶ 초등학교 운동회 때 차전놀이 대장이 되어

▶ 홍콩 영화에 빠져 몸을 만들던 중2 시절

어린 시절 꿈은 무엇이었나요?

어린 시절 꿈은 외교관이었어요. 이상하게 남들 앞에 나서는 것을 싫어하면서도, 남들 앞에서 나를 드러낼 수 있는 직업이 무엇일까 고민했어요. 또, 막연하게 외교관은 자유롭고 다양한 사람들을 만날 수 있을 거라고 생각했어요.

Question 학창 시절은 어땠나요?

저는 도드라지려고 하지 않았지만, 이상하게 주변 친구들에게 떠밀려 앞으로 나서게 되었던 아이였어요. 초등학교 때 친구들이 전교 회장 선거에 나가라고 등 떠밀어 나가게 되었어요. 저는 "안 될 거야."라고 말했지만, 큰 표 차이로 전교 회장이 되었어요. 중·고등학교 때도 늘 친구들의 추천으로 반장을 하곤

▶ 1992년 죽마고우들과 함께

했고, 대학교 때는 여행을 다녀왔는데 과대표가 되어 있기도 했죠. 하하.

당시에는 '왜 나에게 이런 길 시킬까'라며 마지못해 주어진 역할을 했지만, 지금 생각하면 그러한 경험들이 참 감사합니다. 그러지 않았다면 지금도 어딘가에서 나서지 않고 조용히 살고 있었을 거예요. 그러한 경험들이 있었기 때문에 현재 전 국민 앞에 서서 말을 하고 있는 사람이 될 수 있었다고 생각해요.

Question ## 어떤 과목이나 분야를 좋아했나요?

저는 문과 출신으로, 수학은 정말 싫어했고, 어학 계통에 관심이 많았어요. 사회, 역사 과목도 좋아했어요.

아나운서가 되는 데 전공은 영향이 없지만, 현재 아나운서들을 보면 학창 시절 이과보다는 문과 출신이 많은 것 같습니다. 이과 출신이 있긴 하지만 많은 비율을 차지하지는 않아요. 문과와 이과로 잘라 나누는 것보다 문과 공부를 좋아하는 성향, 이과 공부를 좋아하는 성향이 있는 것 같습니다. 물론, 이과이지만 문과 공부를 동시에 좋아하는 성향이 있을 수도 있는 것이죠.

Question ## 학창 시절, 어떤 활동을 했나요?

초등학교 때는 반 친구들과 매주 한 번씩 HR 시간에 연극을 했어요. 사실 특별한 활동들은 아니었어요. 콩트 대본을 쓰고, 역할을 지정해서 짧은 연극을 했어요. 저는 반장도 아니었는데 왜 그랬는지 모르겠지만, 짧은 틀을 짜서 대본을 쓰고 친구들에게 역할을 나눠 주는 일들이 즐거웠어요.

▶ 1996년 연세대학교 교정에서

또, 고등학교 때는 '영자 신문 반' 활동을 했어요. 영자 신문 반에서는 방송제를 했는데 친구들에게 영화를 보여 주는 등 적극적으로 나서서 방송제를 준비하며 저의 역할에 최선을 다하려고 했던 경험들이 지금의 방송 활동과 어느 정도 연결이 되겠네요.

대학 생활은 평범했어요. 수업 시간에 발표도 잘 하지 않고, 동아리 활동도 하지 않아 눈에 잘 띄지 않는 학생이었죠. 사람들 앞에 나서는 것을 싫어했거든요. 대학 동기들이 제가 아나운서가 됐다는 것을 신기하게 생각했을 정도예요.

Question 전공 선택은 어떻게 하셨나요?

저는 사회복지학을 전공했어요. 사실 외교관이라는 꿈을 갖고 있었기 때문에 1지망은 정치외교학과를 2지망으로 사회복지학과를 지원했습니다.

희망하던 학과가 아니었기 때문에 1~2학년 때는 많은 방황을 했어요. 학사 경고까지 받을 정도였죠. 그러다 군대에 입대할 때쯤 되자 정신이 번쩍 들며 열심히 공부했죠.

Question 전공이 현재 직업과 연관이 있나요?

대학에 다닐 때는 전공이 직업 선택에 매우 중요한 요소일 거라고 생각했어요. 하지만 정치외교학을 전공했다고 해서 정치인이 되지는 않는 것처럼 신문방송학을 전공했다고 해서 방송 쪽에 종사하는 것은 아니에요.

이처럼 직업에 직접적인 연관이 되는 것은 아니지만, 소중한 경험이 됩니다. 제가 전공한 사회복지학은 인간의 전반적인 것에 대해 공부하는 따뜻한 학문입니다. KBS 입사 면접 때 사장님께서 제게 "사회복지학과 나와서 왜 방송을 하려고 합니까?"라고 질문하셨어요. 저는 이렇게 대답했어요.

"꼭 고아원이나 양로원에 가서 서비스를 제공하는 것이 사회복지의 전부는 아니라고 생각합니다. 누군가가 저의 방송을 보고 웃고, 울고, 감동받을 수 있다면 그것이 복지라고 생각합니다."

사실 그 답변은, 당시 면접을 위해 예상 질문을 뽑아 미리 작성해 놨던 저의 모범 답안이었어요. 그런데 10년, 20년이 지난 지금 다시 생각해 봐도 그 말은 정답이라고 생각해요.

제가 사회복지학을 공부했기 때문에 좀 더 따뜻한 마음을 갖고 방송을 할 수 있고, 방송에 그 따뜻함이 우러나올 수 있는 것이라고 생각해요. 방송을 하기 위해서는 상대방의 입장에 서서 배려하는 말 한마디가 중요한데, 인간의 전반적인 것을 공부하는 사회복지학을 전공함으로써 그러한 태도나 역량이 저변에 깔릴 수 있었다고 생각합니다.

방송국
아르바이트로
직업을
체험하다

▶ 지역 순환 근무 시절(KBS 전주방송총국)

▶ KBS 입사 동기들과 함께

아나운서로 꿈이 바뀐 계기는 무엇인가요?

대학에 입학했지만, 공부를 열심히 하지는 않았어요. 3학년 2학기를 마치고 군대에 입대했어요. 군대 생활은 저에게는 인생 전환의 계기가 되었어요. 많은 남자들이 그러하듯 군대는 스스로 '앞으로 무얼 하면서 살아야 할까?'에 대한 고민을 할 수 있는 시간이에요. 저 역시 많은 고민을 했는데, 당시에는 방송, 언론에 대해 사람들의 관심이 많아지던 시기였어요. TV에서 김병찬, 손범수 등의 스타 아나운서가 방송을 주름잡던 시기였죠. 아나운서라는 직업이, 내가 원하는 직업일 수 있겠다는 생각이 들었어요.

▶ 1993년 논산 훈련소 훈련병 시절

저는 자유롭고, 많은 사람들을 만나고, 나를 부각시킬 수 있는 직업으로 외교관을 꿈꿨지만, 시험을 위해 많은 준비 기간이 필요한데 비해 시작이 너무 늦은 것 같다는 생각이었어요. 게다가 안 되면 언제까지 도전해야 할까 하는 불안감도 있던 차에, 내가 꿈꾸는 이상에 맞는 또 다른 직업을 찾게 된 것이죠.

아나운서가 되기 위해 어떤 준비를 하였나요?

하지만 직접 경험해 보지 않고 무작정 꿈을 정할 수는 없었어요. 그래서 군대를 제대하고 그해 겨울 방학에 KBS 방송국에서 아르바이트를 하기 시작했어요. FD로 일하며 라디오에서 자료 조사도 하고 허드렛일도 했죠. 예를 들어 〈아침마당〉이라는 프로그램의 FD로 일하며, 새벽 6시에 방송국에 나와 방청객들이 앉을 의자를 준비하고, MC석을 준비하는 일이 있었어요. 당시 MC는 이상벽, 정은아 선배였는데, 두 분의 앉은키가 잘 맞도록 의자의 높이를 맞추고, 사용할 마이크와 귀에 꽂는 인터컴을 준비하는 것이 FD의 역할이었어요.

18년 전에는 불이 꺼진 MC석에 서서 '나도 언젠가는 이 자리에 서서 이상벽, 정은아 아나운서처럼 프로그램을 진행했으면 좋겠다.'라고 생각하던 학생이었는데, 훗날 실제로 제가 MC가 되어 이 자리에서 설 줄은 상상도 하지 못했어요.

방송국 아르바이트는 내가 꿈꾸는 직업에 대한 탐색 겸 체험이었어요. 아르바이트를 하며 당시 황현정 선배 등 KBS 아나운서실의 선배들을 만나 아나운서라는 직업이 어떤 직업인지, 시험은 어떻게 보는 것인지 등 궁금한 것들에 대해 자문을 구했어요. 그리고 라디오, 예능, 교양 파트 등 곳곳을 돌아다니며 훑어봤어요. 방송국이 어떻게 돌아가고, 방송국의 사람들은 어떻게 일하는지를 살펴봤죠. 방송국 내부인처럼 속속들이 알 수는 없었지만, TV에서만 보는 것과는 다른 모습들을 많이 봤고, 실제로 방송국 안에서 일을 해 봤기 때문에 본격적으로 아나운서를 준비하며 보다 진득하게 할 수 있었어요.

Question 직업 탐색을 능동적으로 했네요?

그때는 어디에서 그런 용기가 났는지 모르겠어요. 그게 젊음인 것 같아요. 원하는 것이 있으면 적극적으로 물어보는 것 역시 마찬가지이죠. 요즘 후배들은 스스로 알아서 잘할 수 있기 때문인지 몰라도, 선배에게 잘 물어보지 않는 것이 아쉬워요. 저는 새 프로그램을 시작할 때나 모르는 것이 있을 때, 선배들에게 궁금한 점을 물어보면 더 효율적으로 일할 수 있을 것 같아요. 저는 모르는 것이 있으면 창피해하지 않고 물어보는 성격이에요.

제가 대학을 졸업할 때 역시, 불안하기 때문에 산업 군을 가리지 않고 여러 군데에 입사 지원하는 친구들이 많았어요. 하지만 저는 멀티플레이를 못하는 성격이에요. 여러 군데를 준비하면 집중하지 못할 것 같았어요. 관심 분야가 다양하지 못하기도 했고요. '선택과 집중을 하자.'라는 생각으로 준비하기 시작했어요. 1년 정도 준비를 하고 3사 모두 시험을 봐서 MBC와 SBS에는 떨어지고 KBS에만 합격할 수 있었어요.

제가 합격한 해에 IMF가 터져서 그때 입사하지 못했으면 정말 힘들어졌을 거예요. 제가 입사할 때 동기가 12명이었는데, 그 다음 해는 2명을 뽑고, 그 다음 해에는 아예 뽑지 않았거든요. 제가 운이 좋았어요.

Question 입사 시험 준비는 어떻게 했나요?

당시에는 아나운서 지망생을 교육하는 아카데미가 많지 않았어요. 저는 혼자 준비했는데 궁금한 것이 있으면 방송국에서 아르바이트를 하며 알게 된 선배들에게서 정보를 얻곤 했어요. 집에서 방송을 비디오로 녹화하면서 모니터하고, 혼자 뉴스를 읽는 모습을 찍은 후에 모니터하곤 했어요. 지금 생각해 보면 별 도움이 되지 않은 것들이에요. 하하. 제가 한 것을 제가 어떻게 객관적으로 평가하겠어요.

요즘은 일반적으로 사설 아카데미에서 준비하고, 케이블이나 지역 방송 등에서 경력을 쌓고 들어오는 후배들이 많더라고요.

Question 합격할 수 있었던 비결은 무엇인가요?

가진 것이 없었기 때문이라고 생각해요. 다양한 경험과 기술을 통해 잘 갖춰진 사람도 좋겠지만, 방송국에서는 하얀 도화지에 새로운 그림을 그릴 수 있는 사람을 더 좋아하는 것 같아요. 한번 겉멋이 들거나 좋지 않은 습관이 들면, 이를 고치는 것은 더욱 힘들거든요. 저는 혼자 준비했기 때문에 그런 것이 전혀 없었어요. '신인다운 신인'이라고 할까요? 방송국에서 새로운 캐릭터라고 생각한 것 같아요. 새로운 '윤인구'를 만들 수 있는 다양한 경우의 수를 두고 가능성을 염두한 것이라고 생각해요.

늘 곁에 있는
**친구 같은
아나운서가**
되고 싶어요

▶ 2000년 〈연예가중계〉 연말 특집 방송 촬영 중

▶ 〈진품명품〉 촬영 중

▶ 1TV 〈아침마당〉 홈페이지

Question
아나운서를 준비하며 가장 힘들었던 것은 무엇인가요?

아나운서가 되고 싶어 하는 사람들이 워낙 많은데 '이 많은 사람들 중에서 과연 내가 될 수 있을까?'라는 생각에 부담감이 컸어요. 사실 준비생들끼리 실력은 비슷하기 때문에, '어떻게 주어진 시간 안에 최선의 모습을 보일 수 있을까? 어떻게 내 장점을 보일 수 있을까?'라는 고민들을 많이 했었죠.

Question
실제로 아나운서가 되고 나니 기분이 어땠나요?

실제로 아나운서가 되니 정말 세상을 다 얻은 것 같은 기분이었어요. '앞으로 내 인생은 탄탄대로일 거야.'라는 생각이었죠. 하지만 대학에 합격한 것과 같았어요. 대학에 입학하면 처음에는 마치 앞으로 고민도 어려움도 없을 것만 같지만, 고학년이 될수록 현실적인 고민들이 많아지잖아요. 아나운서가 되었을 때도 처음에는 내

▶ 1998년 전주총국 근무 당시

인생이 TV에서 보던 손범수 선배처럼 찬란할 것만 같았지만, 1년이 지나니 '내가 정말 잘한 걸까?', '나는 최고의 아나운서가 될 수 있을까?'라는 고민이 들기 시작했어요. 〈연예가중계〉의 리포터와 〈도전 골든벨〉의 MC도 맡으며 승승장구할 것만 같았는데, 맡은 프로그램이 어그러지기도 하고, 4~5년 동안 발전이 없는 것 같은 상태가 지속되었어요.

하지만 이렇게 고민의 연속이기 때문에 인생은 계속 발전할 수 있는 여지가 있습니다. 어떤 고민도 없이 늘 인생이 평이하다면, 더 이상 도전할 목표도 없고, 뛰어 넘어야 할 산도 없을 거예요.

이후 2008년부터는 특집 프로그램이나 큰 프로그램 등을 진행하게 되면서 한 단계 더 성장할 수 있는 기회가 되었어요.

Question 스스로 잘할 것이라는 확신이 있었나요?

확신 보다는 '잘해야겠다.'는 생각은 했죠. 저의 직업이 된 것이니까요. 실수나 잘못을 했을 때, 방송국에서는 상사에게만 혼나는 것이 아니라 모든 시청자들에게 질타를 받기 때문에 더욱 잘해야겠다는 생각이 들었죠. 방송에서 무언가를 잘못하면 요즘은 댓글로 남기지만, 당시에는 방송국으로 전화가 밀려들었어요.

하지만 뭐든지 좋아하는 사람이 있다면 싫어하는 사람도 있게 마련입니다. 모두 취향이 다르기 때문이에요.

처음 방송을 할 때였어요. 〈연예가 중계〉에서 리포터로 활동하며 인터뷰를 하는데, 다음에 할 질문만 생각하느라 상대방이 어떤 대답을 하는지 듣지 못했던 거예요. 잘 듣고 있지 않다 보니, 아까 했던 이야기에 대해 또 묻는 경우가 생기기도 했죠. 대답하는 사람은 기분이 나빴을 거예요. 그런데 일을 하다 보니 귀가 열리기 시작하더라고요. 말도 들리고, 깊은 대화를 할 수 있는 질문도 하게 되었죠.

또, 예전에는 실수를 하면 고개를 숙이는 버릇이 있었어요. 특히 뉴스에서 고개를 숙이면 앵커로서의 신뢰가 떨어지거든요.

일반적으로 아나운서들은 '말을 잘하는 사람'이라고 생각하는 경우가 많은데, 그 보다는 '말을 잘 듣는 사람'이라고 생각해요. 프로그램의 주인은 게스트이기 때문에, 진행자는 그 사람들에 대해 많은 이야기를 끌어내는 능력이 중요하거든요. 잘 듣지 않으면 대화가 재미있고 심도 있게 진행될 수 없어요. 저 역시 이를 깨달은 순간부터 사람들과의 대화가 귀에 들리기 시작했어요.

Question 기억에 남는 방송과 관련 에피소드가 있나요?

지역 KBS에서 라디오 뉴스가 저의 첫 방송이었어요. 5분이라는 시간을 정확히 맞춰야 하기 때문에 다른 정신은 하나도 없이 저의 온 신경을 집중했던 기억밖에 없네요.

이후 서울 KBS로 와서, 〈연예가중계〉를 하며 점차 방송에 대해 알게 됐죠. 〈연예가중계〉를 몇 년간 하며 점점 자신감이 붙기 시작했어요. 〈도전 골든벨〉의 MC자리까지 맡게 되며 자신감은 더욱 커졌죠. '그동안 유명인들을 얼마나 많이 만났는데, 고등학생 인터뷰쯤이야…….' 라고 생각했죠. 하지만 그것은 큰 오산이었어요. 학생 100명이 앉아 있고, 제가 찾아가서 인터뷰를 해야 하는데, 좌석 표를 들고 있는데도 어디에 가서 누구와 인터뷰를 해야 하는지 전혀 보이지가 않는 거예요. 그만큼 준비가 덜 되었던 것이죠. 연예인은 스스로를 PR하기

▶ 〈도전 골든벨〉 촬영 중

위한 충분한 준비가 되어 있는 사람이기 때문에 어떤 질문에도 대답이 술술 나올 수 있는 반면, 학생들은 그렇지 않다는 점을 미처 알지 못했어요. 학생들은 방송을 위해 충분한 연습이 필요하고, 그들과 친해지기 위해 노력이 필요하다는 것을 깨달았죠.

저에게 정말 소중한 프로그램이 〈연예가중계〉입니다. 처음 저에게 아나운서로서의 틀을 만들어 준 프로그램이에요. 당시 저는 인터뷰를 다니며 '아나운서 윤인구'라고 소개하지 않고, '연예가중계의 윤인구'라고 말했어요. 아나운서라고 말하면 왠지 부담스럽게 느껴 딱딱한 인터뷰가 될 것 같았거든요.

가수 백지영 씨와 인터뷰를 한 적이 있는데, 인터뷰가 끝나고 백지영 씨가 "정말 즐거운 인터뷰였다."고 말하며 제게 "신인 개그맨이시죠?"라고 하시더라고요. 하하. 저는 그것이 기분 나쁘지 않았어요. 그만큼 즐겁게 인터뷰를 했다는 뜻이기 때문에 저 역시 좋았어요.

원래 연예인에게 관심도 없던 제가, 점차 연예인들과 친숙해지고 유대 관계도 쌓게 됐어요. 시간이 지나서는 "내 인터뷰에는 윤인구 씨가 왔으면 좋겠다."라고 말하는 분들도 생기는 것을 보며, 스스로 〈연예가중계〉를 통해 성장했다고 느낄 수 있었어요.

Question   입사 후 프로그램 진행은 어떻게 결정되나요?

직업을 선택하고 가장 고민이 많은 시기가 1년차입니다. 저 역시 연예, 예능, 교양, 뉴스, 스포츠 중 어떤 분야를 잘할 수 있을지 고민이 많았어요.

처음 KBS에 입사하면, 먼저 지역 방송국에서 근무하는데, 저 역시 그랬어요. 지역 방송국은 인원이 적다 보니 한 사람이 뉴스, 교양 등 다양한 프로그램을 맡아 경험할 수 있어요. 그리고 난 뒤 서울 KBS로 와서 맡았던 프로그램들이 주로 교양, 예능이었어요. 저의 의사라기보다는 회사의 선배들이 잘 어울리는 프로그램을 배정해 주고, 그 이후 지속적으로 시청자들의 피드백을 받으며 결정되는 거예요. 시청자들의 반응이 긍정적이었고, 선배들도 잘한다고 해 주시니 용기를 얻어 '교양, 예능 쪽이 내 길인가보다.'라는 생각이 들기도 했어요.

▶ 〈진품명품〉 당시 감정가 6억 청화백자

입사 당시 25세로, 빠른 편이었어요. 당시에는 어려서인지 두려움이 없었어요. 또, 방송 경험도 전혀 없었고, 아무것도 몰랐기 때문에 무작정 패기 있게 말했던 것 같아요. 오히려 그 모습이 신선했을 수도 있을 것 같네요. 당시에는 아나운서가 예능에 나오는 경우가 많지 않아 개성 있는 모습을 보여줄 수 있는 기회가 많지 않았죠.

Question 현재 어떤 일을 하나요?

저는 KBS에 1997년에 입사해, 18년째 아나운서로 일하고 있습니다.

일반적으로 아나운서가 하는 일은 시사·교양·오락 프로그램 진행, 뉴스 진행, 라디오 진행 등이 있고, 스포츠 중계를 하는 아나운서도 있습니다. 저는 요즘 주로 〈아침마당〉 등 교양 프로그램의 MC로 활동합니다.

타 방송국과는 다르게 KBS에서는 한국어 교재를 만들고, 이를 직접 중·고등학교에서 교육하는 한국어 사업을 합니다. 저는 후배 아나운서들과 함께 매달 전국 초·중·고등학교에 배포되는 한국어 포스터의 기획·제작을 하고 있어요.

Question 〈아침마당〉의 MC가 되고 감흥이
남달랐을 것 같은데요?

　처음 저에게 〈아침마당〉의 MC 제안이 왔을 때는 기쁨보다는 부담감이 더 컸어요. 〈아침마당〉, 〈진품명품〉 모두 대선배들이 오랫동안 일구어 온 전통이 있는 프로그램이었기 때문에, 잘해야 한다는 부담감과 '내가 과연 잘할 수 있을까?'라는 생각에 도망치고 싶기도 했어요.

Question 어디에서 성취감이나 보람을 느끼시나요?

　가장 좋은 것은, 정말 만나기 어려운 다양한 사람들을 만날 수 있다는 거예요. 만나기 어렵다는 것은 사회적 지위를 말하는 것이 아니에요. 다양한 곳에서 다양한 삶을 살고 있는 분들을 만나 내 인생의 폭을 직간접적으로 넓힐 수 있다는 것에 성취감과 보람을 느껴요. 또, 그 경험을 후배들이나 많은 사람들에게 전해 줄 수 있다는 것이 기쁘기도 하고요.

Question 만났던 사람들 중 가장 기억에
남는 분은 누구인가요?

　최근 〈아침마당〉에서 만났던 남아프리카공화국 출신의 '키릴 악셀로드' 신부님이 기억에 남습니다. 키릴 악셀로드 신부님은 들리지도, 보이지도 않는 분입니다. 처음 신부님께서 출연하신다는 이야기를 듣고, '어떻게 이야기를 나눌 수 있을까?'라는 걱정이 들었어요. 우선 우리나라의 신부님 두 분이 더 나오셔서, 세 분이 삼각형으로 서서 통역을 하는 방식으

▶ 〈아침마당〉 키릴 악셀로드 신부님과 함께

로 방송이 이뤄졌어요. 키릴 악셀로드 신부님과는 '촉각 수화'를 사용해서 의사소통을 해야만 했죠.

이날 저는 방송하며 처음으로 눈물을 흘렸어요. 〈아침마당〉이나 〈러브 인 아시아〉 등의 프로그램에서 많은 감동적인 이야기들을 접했지만, 방송을 하면서 눈물을 보이는 일은 처음이었어요. MC는 시청자의 입장과는 달리 카메라 밖의 스태프들의 상황도 체크하며, 들은 이야기를 정리하고 다시 이야기해야 하기 때문에 눈물을 흘릴 만큼 이야기에 빠져들지는 못합니다. 하지만 이날은 그저 펑펑 울 수밖에 없었어요. 이렇게 어렵사리 의사소통을 하는 과정이 너무 인상적이었고, 신부님께서 장애를 극복하고 신부가 되기까지의 이야기가 너무 감동적이었어요. 이 아름다운 인생 이야기를 가까이에서 듣고 느낄 수 있다는 것이 너무나 큰 감동이었죠.

〈연예가 중계〉 리포터로 일하며 소위 'hot하다'는 당대 최고 인기 연예인들을 정말 많이 만났어요. 하지만 그들을 만나며 얻는 감동보다는, 지극히 일상적이고 평범한 분들에게서 오는 감동이 더욱 큽니다. 흔히 대통령을 만나야 유능한 것 같고, 교훈도 많이 얻을 것 같지만, 그 보다는 우리 주변에 있지만 잘 몰랐던 분들에게 듣는 이야기에서 보다 큰 교훈과 감동을 얻는 경우가 많습니다. 그 것이 〈아침마당〉의 취지이기도 하고요.

또 한 번은, 방송을 통해 우연히 중학교 때 교생 선생님과 군대 대대장님을 만난 적이 있어요. 이럴 때는 모르는 사람을 만날 때보다 더 반갑죠.

Question 윤인구 아나운서만의 매력은 무엇인가요?

당시 저를 포함한 많은 아나운서들이 롤 모델로 꼽았던 김병찬 선배와 함께 〈연예가 중계〉 프로그램을 함께할 때였어요. 그때 김병찬 선배는 저에게 "너는 신인인데도 떨지 않고 능청스럽게 생방송을 잘한다."라고 말씀해 주셨어요. 사실 저는 손에 땀을 쥐고, 떨린 가슴으로 방송을 했는데 선배가 저를 인정해 주는 것 같아 큰 용기가 됐어요.

프로는 아무리 떨리더라도 역할이 주어지면, 실수로 드러나면 안 된다고 생각해요. 실수를 하면 더 이상 무대에 설 수 있는 기회가 사라지는 거예요. 저는 아마추어였지만, 직업이 됐기 때문에 잘 버틴 것이죠.

지금도 무대에 올라가기 전에는 초조하고, 불안해서 피하고 싶을 때도 있어요. 하지만 조명이 켜지고 무대에 올라가면 실수 없이 무대를 이끌어야 하죠.

저는 많은 사람들 앞에서 이야기하기를 좋아하는 성격도 아니었어요. 장기 자랑도 싫어했죠. 그런데 일단 무대에 올라가면 내게 주어진 일은 해내려고 애썼어요. 지금까지의 시간과 경험이 만들어 낸 것이기도 하지만, 내 안에 감춰져 있던 끼를 방송을 하며 찾을 수 있었어요.

지나온 길을 생각해 보면, 나의 노력과 타이밍과 나를 인정해 주는 사람들 등 모든 조건이 맞았기 때문에 '윤인구'라는 상품이 탄생할 수 있었다고 생각해요. 어떤 프로그램을 하고 싶다고 해서 누구나, 또 언제나 할 수 있는 것은 아니거든요.

 인간관계는 어떤가요?

사람과 깊이 교류하는 데에 시간이 오래 걸리는 편이에요. 처음부터 스스럼없이 친해지기는 쉽지 않아요. 일에서도 마찬가지입니다. 일과 인간관계 모두 늦게 발동이 걸리지만, 일단 탄력을 받으면 일도 관계도 잘 풀려나가는 스타일이에요.

처음 방송국에 입사해서 많은 오해를 받기도 했어요. "윤인구는 너무 도도해 보이고 아쉬운 게 없어 보인다.", "다가가기 어려워 보인다." 등의 이야기를 많이 들었죠. 하지만 방송국에서 20년 동안 많은 사람들과 일하며 평가가 많이 달라졌어요.

 스스로 성장하는 것을 어떻게 느낄 수 있나요?

25살에 아나운서가 되었어요. 당시 진행했던 뉴스를 지금 보면 마치 대학생이 뉴스를 읽는 것과 같은 모습이죠. 하지만 이는 시간이 지나고 경험이 축적되면 자연히 해결되는 것 같아요.

20대에 할 수 있는 말과 행동, 30대에 할 수 있는 말과 행동, 40대에 할 수 있는 말과 행동이 다르거든요. 점점 말과 행동의 폭이 넓어지고 있다는 것을 느껴요.

그 속에 저의 진정성이 있고, 세상 사람들과의 살아가는 이야기를 공유할 수 있는 폭이 넓고 다양해진다는 것을 느낄 때 성장한 것을 느껴요. 결혼이나 아이가 생기는 등 인생을 살면서 거치게 되는 하나하나의 경험들도 방송인으로서 한 단계씩 성장시키는 계기가 됩니다.

Question **힘든 상황을 이겨 낼 수 있는 힘은 무엇인가요?**

기분이 나쁠 때나 괴로운 일이 있을 때 나쁜 방법으로 푸는 것은 좋지 않습니다. 방송 일을 하면 옆 사람이 성장하는 모습을 보고 '나는 왜 이럴까?'라며 조급함을 느낄 때가 많아요. 이런 경우 평정심을 갖기가 쉽지 않죠. 물론 저 역시 조급함을 느꼈어요. 함께 입사한 동기들이 잘 나가는 모습을 보며 나의 모습과 자꾸 비교하곤 했죠.

▶ 〈연예가중계〉 리포터 시절 영화배우 박중훈씨와 함께

하지만 지금은 후배들에게 "너무 조급해하지 마라. 언제 오느냐의 차이일 뿐, 기회는 누구에게나 온다. 다만 기회가 왔을 때 그 역할을 잘 해낼 수 있도록 준비되어 있어야 한다."고 말해요.

처음에 저는 〈연예가 중계〉의 리포터를 하고 있는데, 동기는 MC를 맡는 모습을 보며 부럽기도 하고 조급하기도 했어요. 하지만 돌이켜 보면 감사한 일입니다. 리포터 역할을 통해 현장에서 다져질 수 있었거든요. 많은 연예인들뿐만 아니라 매니저, 기자들을 만나며 연예계가 어떻게 돌아가는지 직접 볼 수 있었어요. 현장에서 얼마나 많은 사람들이 얼마나 많은 고생을 하는지도 느낄 수 있었어요. 당시 만난 많은 사람들이 이후 스튜디오 진행을 하는 MC가 되었을 때, 인맥이 되어 정보 통로가 되기도 했어요. 이러한 경험들이 저에게는, 하루아침에 만들어진 신데렐라가 아니라 밑에서부터 한 걸음씩 올라와 MC의 자리에 설 수 있게 한 밑거름이 되었어요.

방송 일은 조급하게 생각하지 않아야 해요. 원래 성격이 낙천적인 편이어서 어제의 실수를 오늘은 빨리 잊습니다. 되도록 결정한 것에 대해서는 후회하지 않는 삶을 살고 싶어 좋은 생각을 많이 하려고 해요. 때문에 힘든 일이 닥쳤을 때 차분하고 대범하게 빨리 잊고 넘길 수 있었던 것 같아요.

초·중·고등학교의 매 졸업식 마다 늘 선배들이 하는 송사의 내용은 비슷했어요. "너희는 나처럼 후회하는 삶을 살지 마라."라는 말들을 주로 하더라고요. '선배들은 왜 모두 항상 같은 말을 할까? 왜 늘 후회를 할까?'라는 생각을 했고, 적어도 나는 저 자리에서 저런 말은 하지 말아야겠다고 다짐했어요.

Question 어떤 아나운서가 되고 싶으신가요?

늘 곁에 있는 사람이고 싶어요. '친근하다.'는 말이 평범하게 들릴 수 있지만, 사실 생각보다 아나운서가 방송에서 할 수 없는 말들이 많습니다. 상대방의 입장을 너무 고려하기 때문에 꺼내지 못하는 말들이 있어요. 아직까지는 공중파 방송의 한계라고 할 수도 있죠.

저는 사람들에게 좀 더 편안하고 친근하게 다가가서, 남들이 듣지 못했던 이야기에 대해 좀 더 편안하게 끌어낼 수 있는 사람이었으면 좋겠어요. 또, MC가 듣기만 하는 사람이 아니라 자신의 이야기도 스스럼없이 하며, 게스트와 어우러지는 편안한 방송을 만들고 싶어요.

Question 앞으로 하고 싶은 프로그램이나 분야가 있나요?

그런 건 없습니다. 앞으로는 방송 환경이 어떻게 바뀔지 모르고 어떤 프로그램들이 생겨나고 없어지게 될지 모르기 때문에, 미래를 계획하기보다는 지금의 역할에 최선을 다하는 것이 미래를 만드는 초석이 될 것이라 생각해요. 5년 뒤, 10년 뒤에 어떤 프로그램을 할지는 아무도 모릅니다. 계획을 세운다고 해도 무의미하고요. 그저 지금 하고 있는 프로그램에서 저의 모습을 잘 보여 주는 것이 미래 제 모습의 밑바탕이 될 거예요.

Question 자기 계발을 위해 노력하는 것이 있다면 무엇인가요?

아나운서에게는 무엇보다 다양한 경험이 중요하다고 생각해요. 때문에 나에게 어떤 일이나 기회가 주어졌을 때, 이를 거절하기 보다는 긍정적으로 생각하고 적극적으로 해 보려고 해요. 일상에서 보고 듣는 경험들이 방송에서 나의 자산이 되기 때문에 다양한 사람들을 만나고 다양한 기회를 접하는 것들에 감사해요.

Question 아나운서에게는 어떤 성향이 필요한가요?

아나운서는 기본적으로 남을 비판하기 보다는 남을 포용하고 받아들일 수 있는 마음가짐이 필요한 것 같습니다. 비판적인 시각으로 남의 단점을 찾기 보다는, 완벽하지는 않더라도 세상을 따뜻한 시각으로 바라볼 수 있어야 합니다. 누군가를 바라볼 때, 9가지 단점보다는 1가지 장점을 부각해서 말해 줄 수 있는 사람이 좋을 것 같아요. 누군가에게 용기를 주고 동기 부여를 해 줄 수 있는 사람이죠.

'방송을 잘한다.'라고 평가되는 사람은, 옆에 있는 사람을 면박 주고 창피를 주기보다는 주변 사람들을 기분 좋게 하는 사람이더라고요.

Question 직업으로써 장점은 무엇인가요?

만약 아나운서가 아닌 다른 직업이라면 만나고 싶은 사람을 쉽게 만날 수 없었을 거예요. 아나운서라는 직업을 통해 지위를 막론한 다양한 사람들을 만나고, 그들과 함께 앉아서 그들의 이야기를 나누고, 배우고, 느낀다는 것이 이 직업의 가장 큰 장점이라고 생각해요. 나와 다른 모습을 가진 사람들을 만나면서 늘 배우게 됩니다. 물론 책이나 TV를 통해 간접적으로 느낄 수도 있지만, 바로 옆에서 그 이야기를 듣는다는 것은 쉬운 일이 아니고

몇 배의 감동을 받아요.

또, 점차 나의 말을 들으려고 하는 사람이 많아지고, 다른 사람들이 내 말에 집중을 잘해 준다는 거예요. 보통은 많은 사람들을 대상으로 이야기를 하려면, 내 말에 집중시키기 위해 뭔가 재미 요소를 통해 화제를 끌려고 하게 마련이죠. 그런데 어느 순간부터 제가 이야기를 시작하면, 별 말이 아닌데도 상대방이 저에게 집

▶ 2012년 추석특집으로 네팔에서 〈러브인아시아〉촬영

중해 주고 크게 반응해 준다는 것을 느꼈어요. 물론 이것은 방송을 통해 비춰진 '아나운서'라는 이미지도 한 몫을 한다고 생각해요. 이렇게 주변으로부터의 피드백들을 토대로, 제 방송을 듣고 보는 사람들을 더 잘 이끌어나가기 위해 연구하곤 합니다.

Question ## 직업으로써 단점은 무엇인가요?

어느 직장에서나 마찬가지로 누구나 최고가 되고 싶어 하지만 누구나 최고가 될 수는 없는 것입니다. 그 욕심을 버리는 것이 중요한 일인 것 같아요. 최고가 되기보다는 최선을 다하는 것이 중요해요. 최선을 다하면 자신의 색깔을 나타낼 수 있는 전문 분야를 찾을 수 있을 거라고 생각해요.

또, 방송은 순간의 시간이 지나면 남지 않고 사라진다는 점에서 허탈감이 들 때도 있어요. 가수들이 무대 마치고 내려오면 쓸쓸함과 적막감을 느끼는 경우가 많다고 하는데, 비슷한 느낌이 아닐까 생각해요. 그래서 방송을 하는 사람들은 말을 통해 비워 낸 것을 다시 채워 넣으려고 하는 갈망이 있어요. 그 갈망이 사람들과의 만남이건, 문화적 체험이건 많은 것들을 채워 넣으려고 해요. 저는 다양한 경험을 하기 위해 최대한 문화도 즐기려 하고, 다양한 곳에 가 보려고 하고, 많은 사람들을 만나려고 노력해요.

또, 주변으로부터의 피드백이 바로 온다는 것은 장점이자 단점입니다. 긍정적이거나 발전적인 피드백을 받을 때는 좋지만, 방송이 없기라도 할 때면 "왜 TV에 안 나오니?"라는 등의 피드백을 바로 받게 된다는 것이 단점이기도 해요.

아나운서에 대한 일반적인 오해나 환상은 무엇인가요?

　요즘 수천 명의 학생들이 막연한 환상을 갖고 아나운서를 꿈꿉니다. 주로 스타 아나운서들을 보며 키운 꿈일 거예요. 하지만, 아나운서 역시 막상 되고 보면 하나의 직업일 뿐입니다. KBS만 해도 100여 명의 아나운서가 있지만, 시청자들에게 얼굴과 이름만으로 기억될 수 있는 아나운서는 다섯 손가락 안에 꼽을 거예요. 그런 아나운서가 아니라면, 현실과 이상의 괴리를 느낄 수도 있어요. 자신이 어디에서 성취감과 보람을 얻을지 찾아야 합니다.

Question 아나운서라는 직업은 사회에 어떤 역할을 해야 할까요?

　제가 입사할 때 가졌던 생각은 지금도 변함이 없습니다. 뉴스나 시사에서는 어두운 면을 비추고 잘못된 것을 바로잡아야 합니다. 하지만 제가 진행하는 교양 프로그램에서는 이 사회가 살아갈 만하다는 따뜻한 이야기를 많이 들려줘야 한다고 생각해요. 요즘 모두가 살기 어렵다고들 하지만, 그럼에도 불구하고 살아가는 이유에 대해 깨달았으면 해요. 또, 모두가 스마트폰만 보고 있는 것이 아니라, 하늘도 쳐다보고 넓은 시야로 세상을 볼 수 있도록 만드는 일을 하고 싶어요.

Question 아나운서를 꿈꾸는 학생들에게 어떤 전공을 추천하고 싶은가요?

　내가 정말 하고 싶은 분야를 전공으로 선택하길 바랍니다. 선택해서 합격하면 이보다 더 좋은 일이 없겠지만, 모든 일이 뜻한 대로만 되는 것은 아니잖아요. 하지만 그렇다고 해서 그에 대해 낙담할 필요는 없다고 생각해요.

Question 아나운서를 꿈꾸는 학생들에게 도움 되는 활동이 있다면 무엇인가요?

전공이 직업을 결정하지는 않습니다. 신문방송학과에 간다고 해서 모두 PD나 아나운서가 되는 것은 아니에요. 오히려 자신이 처한 상황 속에서 차곡차곡 쌓은 경험들이 나중에 직업을 선택할 때 밑바탕이 될 수 있습니다. 실무는 직업인이 된 뒤, 현장에서 배울 수 있습니다. 그 전까지는 다양한 경험을 통해 '나'를 찾고 만들어 가는 것이 중요하다고 생각해요.

Question 학생들에게 하고 싶은 말씀이 있다면 무엇인가요?

항상 목표는 크게 잡는 것이 중요한 것 같아요. '과연 이 목표가 5년 후에 이뤄질까?'라는 막연한 걱정이 들겠지만, 그렇다고 해서 스스로에게 기대치를 낮게 잡을 필요는 없다고 생각해요. 사회에 나가서 현실과 부딪치며 상황에 맞게 목표를 조정할 수는 있어도, 지금 상황에서 공부를 못해서, 교우 관계가 좋지 않아서, 재능이 없어서 등 자신의 처지를 판단하고 목표를 낮추기에는 이른 시기라고 생각해요.

우선 목표는 크고 넓게 갖고, 그 목표를 이루기 위해 내가 할 수 있는 것은 무엇인지 찾아보는 것이 중요해요. 너무 벅찬 계획을 세우는 것이 아니라, 주변 친구들과의 관계, 부모님·선생님·형제들과의 관계 속에서 할 수 있는 일들을 찾고 행동하는 것이 중요하다고 생각해요. 공부도 중요하지만, 한 가지 관심사에 대해 좀 더 깊게 파고들고, 관련 직업 종사자를 만나 보거나 SNS와 이메일 등 다양한 방식으로 접근하려는 적극적인 태도가 중요하다고 생각해요.

1997년 12월 대학교 4학년 2학기를 마치던 시점에 tbs 입사 시험에 합격하며 아나운서의 길을 걷기 시작하였다. 이후 18년이 넘는 시간 동안 tbs를 대표하는 아나운서로서 성장해 왔다. 특히, 라디오 채널 가운데 상당한 영향력을 갖고 있는 tbs의 출퇴근 시간대의 주요 프로그램들을 비롯한 다양한 프로그램을 진행하며, 청취자들과 적극적으로 교감하는 방송을 즐기고 있다.

tbs FM 라디오 〈정보스튜디오〉, 〈음악이 있는 거리〉, 〈정연주의 상쾌한 아침〉, 〈김홍국 정연주의 행복합니다〉, 〈달콤한 밤 정연주입니다〉와 TV 〈굿초이스〉, 〈아이 러브 디자인〉, 〈기적의 TV 상담받고 대학가자〉 등 프로그램을 진행하였다.

방송을 하며 아나운서로서 가져야 할 최고의 덕목으로 진정성을 꼽는 그녀는 시·청취자들로부터 건강한 목소리와 신뢰감 있는 외모를 가진 아나운서로 평가받으며, 방송을 통해 상쾌하고 행복한 에너지를 전달하고 있다.

tbs(교통방송)
정연주 아나운서

● 현) tbs 아나운서
● 이화여자대학교 행정학과 졸업
● 고려대학교 대학원 언론홍보학 석사

아나운서의 스케줄

tbs 정연주 아나운서의 하루

02:00 ~ 03:00
▸ 내일 업무 준비
03:00 ~ 04:00
▸ 퇴근

04:00 ~ 11:00
▸ 수면

11:00 ~ 12:00
▸ 식사
12:00 ~ 16:00
▸ 개인 시간

16:00 ~ 18:00
▸ 출근 준비 및 식사
18:00 ~ 19:00
▸ 뉴스 진행 준비 및 업무

19:00 ~ 20:00
▸ 뉴스 진행, 라디오 생방송
20:00 ~ 22:00
▸ 뉴스 진행 준비 및 업무, 뉴스 진행

22:00 ~ 00:00
▸ 라디오 프로그램 관련 준비
00:00 ~ 02:00
▸ 라디오 생방송 진행

• 2015년 기준

▶ 1976년 100일 기념사진

▶ 초등학교 1학년 때 모습

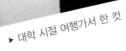

▶ 대학 시절 여행가서 한 컷

의사도 되고 싶었고, 피아니스트도 되고 싶었고, 영화배우도 되고 싶었어요. 어릴 때에는 다양한 것들을 꿈꿨던 것 같아요. 하지만 처음 구체적으로 고민했던 직업은 방송에서 뉴스를 전하는 직업이었어요. 어린 시절부터 목소리가 좋다는 이야기를 종종 듣곤 했는데, 선생님께서도 수업 시간에 책을 읽어 보라고 하시고는 제 목소리가 명확히 잘 들린다며 칭찬을 해 주셨어요. 그것이 직업으로 연결될 줄을 그땐 몰랐어요.

그러다 당시 제 또래 아이가 유괴되어 신문과 방송 곳곳에 보도되다가 사체로 발견되는 사건이 있었어요. 뉴스를 통해 야산에서 흙을 헤집고 아이의 사체를 꺼내는 모습을 봤는데 한동안 저에게는 커다란 충격으로 다가왔어요. 너무나 충격적인 모습에 당시 청와대로 '전두환 대통령께'라는 제목으로 편지를 보낸 적이 있었어요.

'정의 사회를 구현한다고 하는데, 저는 오늘 뉴스를 보고 너무 슬펐습니다. 다시는 이런 일이 일어나지 않게 해 주세요!'라는 내용이었던 것으로 기억하는데, 그 즈음부터 내 목소리를 가지고 뉴스 같은 것을 통해서 사회 문제를 공론화하는 일을 하고 싶다는 생각을 했던 것 같아요.

초등학교 때 한국일보 비둘기 소년 기자단으로 활동하며 '기자'라는 직업을 체험하고 흥미를 느꼈어요. 기자단 활동은 초등학생과 관련된 기사를 작성해 한 달에 한 번 신문사로 보내는 거였어요. 비슷한 활동으로 글쓰기나 책읽기를 좋아했어요.

그 외에 다른 동아리 활동은 하지 않았어요. 저는 어디에 소속되거나 강압적인 분위기를 싫어하는 성향이에요. 대학교 1학년 때 학교 방송국 활동을 해 볼까 싶어 동아리방에 갔더니 2학년 선배들이 무서워 보이더라고요. 그래서 그런 동아리 활동보다는 개인적으로 책 보고 영화 보고, 또 영어 공부하면서 토론하는 등의 활동들을 즐겨했어요. 또 교내외에서 하는 글쓰기 강의를 자주 들었어요.

어떤 학생이었나요?

　여중, 여고, 여대를 다녔는데, 리더십이 강했어요. 줄곧 반 대표로 활동했고요. 중·고등학교 다닐 때 친구들과 어울리기 좋아하고, 농구 같은 운동도 즐겨 하다 보니 저의 보이시한 모습을 좋아하는 후배들에게서 선물을 받기도 했어요.

　그리고, '맥가이버' 같은 다양한 소재의 미국 드라마를 좋아했는데, 그게 계기가 되어 영어 공부를 좋아하게 되었어요. 아나운서가 되지 않았다면 그쪽으로 더 준비해서 통역 일을 했을 것 같아요.

Question **전공 선택은 어떻게 하셨나요?**

　기자의 꿈을 이루기 위해 대학 전공으로 행정학을 선택했어요. 주변에서는 조금 특이하게 생각하셨는데, 당시 제가 뉴스를 보면서 느낀 것은 정부나 정치권에서 일어나는 일을 제대로 이해할 만한 공부를 해야겠다는 거였어요. 그래서 도움이 되는 전공이 행정학이나 사회학, 정치외교학 등이라고 판단했습니다. 국가의 역할이나 국가에서 하는 일들에 관한 내용을 잘 알고 있으면, 국민들에게 전달하는 데 도움이 될 것 같았어요.

　신문방송학과에 진학할까도 했는데, 그 과에 진학한 선배로부터 신문방송학과에서는 방송 자체에 대한 공부를 더 많이 한다는 말을 들었어요. 전 방송이라는 수단보다는, 정부와 사회의 일에 대해 깊이 있게 사고할 수 있는 학과 공부가 더 필요할 것 같았어요.

부모님께서는 진로에 대해 어떤 말씀을
해 주셨나요?

진로에 대해 부모님과 많은 대화를 나누지는 못했어요. 다만, 부모님은 제가 원하지 않는 것을 밀어 붙이지는 않으셨어요. '하고 싶은 것을 해라.'라고 말씀해 주셨죠. 하지만 뭘 하든 열심히 잘할 거라는 생각으로 기대는 많이 하셨던 것 같아요.

아버지는 반도체 관련 엔지니어이셨고 어머니는 전업주부셨는데, 두 분다 제가 과학고에 진학하기를 바라셨

▶ 대학 4학년 여름방학 캐나다 여행 중

어요. 제가 중학교 때 공부를 곧잘 했거든요. 성적에 맞게 외국어 고등학교와 과학 고등학교에 모두 지원했는데, 외국어 고등학교는 무난히 잘 봤다고 생각했는데도 결과가 낙방이었고, 과학 고등학교는 시험장에서 '내 실력으로는 안된다.'라는 생각이 들었어요. 하하. 어렵고 제 적성에도 맞지 않더라고요. 그 이후, 아버지는 제게 기대를 전혀 하지 않으셨던지 한번도 '공부해라' 라는 말씀을 하신 적이 없어요.

학과를 정할 때 제 의견을 말씀드리니, 아버지, 어머니 세대에서는 사회학과는 '데모를 많이 하는 과'라는 인식이 강하다며 반대하시긴 했어요. 대신 행정학과는 흔쾌히 좋겠다고 하시더라고요. 나중에 부모님께서 말씀하시길, '기자 대신, 마음을 바꿔 행정고시를 보도록 설득해 볼 수 있겠다.'는 생각에 찬성했다고 하시더라고요.

또, 어머니는 마지막까지 '서울대 사범대에 진학해서 선생님이 되는 게 좋지 않겠니?'라고 계속 설득하셨어요. 제가 기자가 되겠다고 했을 때, 기자라는 직업이 여자가 하기에 수월한 직업도 아니고, 체력이 약해 안 된다고 설득 아닌 설득을 하시기도 했어요. 하지만 저는 학교보다 조금 더 넓은 세상에서 일하고 싶다는 생각에 교사라는 직업에는 관심이 생기지 않았고요.

▶ 1998년 이화여자대학교 졸업 기념사진

▶ 1998년 이화여자대학교 졸업 기념사진

기자를 꿈꾸다 아나운서가 된 계기는
무엇인가요?

행정학을 전공하며 교양 수업으로 신문방송학과의 수업을 몇 개 듣게 되었어요. 수업을 듣다 아나운서라는 직업에 대해서도 고민해 보게 되었어요. 냉정히 생각해 보니 제가 어린 시절부터 꿈꿔 왔던 직업은 직접 취재를 하는 기자보다 시청자에게 뉴스를 전달하는 앵커였다는 것을 알게 되었어요. 아나운서로서 뉴스를 진행하는 제 모습을 그려 보게 되었죠. 시간이 지나면서 저의 꿈이 기자에서 아나운서로 변하고 구체화되었죠.

Question 아나운서 시험 준비는 어떻게 했나요?

저는 하고 싶은 게 있으면 빨리빨리 해야 하는 성격이라서, 3학년 1학기 때 방송 아카데미를 찾아 갔어요. 내가 하고 싶은 일이 나한테 정말 잘 맞는지, 그리고 내가 잘할 수 있을지 알아볼 필요가 있었어요.

당시에는 방송 관련 실무를 경험할 수 있는 곳이 몇 곳 없었는데, 저는 KBS와 서강대학교가 산학 협력 했던 KBS 방송 아카데미에 다녔어요. 방송 아카데미 같은 시설이 생긴 지 얼마 되지 않은 초창기였고, PD 반, 엔지니어 반, 아나운서 반 중 저는 아나운서 반에 들어갔어

▶ 대학교 4학년 아나운서 준비생 시절

요. 기자와 아나운서는 같은 시험을 치는 시스템이었기 때문에, 기자 반은 따로 없었어요.

그곳에서 선생님으로 만난 KBS 아나운서들께서 제게 아나운서로서 좋은 역량을 가졌다며 잘하겠다고 용기를 북돋아 주셨지요. 특히, 당시 9시 뉴스 앵커였던 이규원 아나운서께서 칭찬을 많이 해 주셨어요. 그래서 즐겁게 열심히 준비했던 것 같아요. 그리고 4학년 2학기에 처음으로 응시했던 곳인 tbs에 합격했습니다.

Question tbs 방송국에 지원한 이유는 무엇인가요?

　같은 해에 tbs, KBS, MBC에 지원했는데, tbs 시험이 가장 먼저 있었고, 다른 두 방송사의 시험을 치던 중 tbs에서 합격 통보를 받았어요. 자신감 갖고 다른 방송사의 전형도 계속 치렀지만, 결과적으로 KBS 2명, MBC 3명의 최종 합격자 안에 들지 못했어요.

　그때 메이저 방송사가 아닌 tbs를 선택해서 입사하게 된 이유는 TV가 없는 라디오 방송만 진행한다는 특이한 매력도 있었고, 당시 라디오 채널로써는 매체 경쟁력이 상당했었기 때문에 그 인지도를 중요하게 생각했어요.

Question 아나운서라는 직업에 대해 부모님은 어떻게 생각하시나요?

　아나운서가 된다고 했을 때, 부모님은 좋아하셨어요. 무엇보다도 여자에게 기자보다는 일의 강도나 사회적 이미지 면에서 더 좋다고 느끼셨나 봐요. 물론 선배 아나운서들께서 그런 이미지를 잘 가꾸고 닦아 놓았기 때문이겠지만, 사실 아나운서는 실체보다 더 사회적으로 인정받고 대중들에게 사랑받는 직업이지요.

▶ 아나운서 신입 시절 취재하는 모습

아나운서라는
**직업에 나를
담아내다**

▶ 2014년 봄 개편 브로슈어 촬영

▶ 2002년 월드컵 상암 경기장 장내 아나운서로

▶ TV 방송 진행 모습

직업을 소개해 주세요.

아나운서의 개념은 한국아나운서연합회에 소속된 KBS, MBC, SBS 3사 방송사 및 CBS, tbs, PBC, 극동방송, OBS 등 5개 공중파 라디오 방송사 및 각 지역 계열 방송사에 정식 절차를 거쳐 임용이 된 아나운서에 한합니다. 현재 한국아나운서연합회에 가입되어 있는 아나운서의 수는 500여 명으로 알고 있습니다.

Question **하루 일과는 어떤가요?**

방송 스케줄에 따라 다른데, 최근까지는 저녁 6시에 출근을 해서 저녁 7시, 9시에 뉴스를 진행하고, 밤 10시부터는 진행하고 있는 라디오 프로그램 관련 방송 준비를 했어요. 자정부터 새벽 2시까지 〈달콤한 밤 정연주입니다.〉라는 심야 음악 프로그램을 생방송으로 진행했고요. 아나운서들은 진행하는 방송 스케줄에 따라 각기 출퇴근 시간대가 많이 달라집니다. 한동안 완전히 올빼미로 살았어요.

Question **라디오와 TV 방송의 차이점은 무엇인가요?**

tbs는 TV보다 라디오 방송을 먼저 시작한 방송국이라, 처음 아나운서 생활을 라디오 DJ로 시작했습니다. 덕분에 많은 청취자들과 교감하고 공감할 수 있었고, 그것이 아나운서로서 저를 많이 성장시켰어요.

저는 TV보다 라디오가 사람들과 감성적으로 교감할 수 있어서 좋아요. 라디오는 일대다의 방송 형식이지만, 다수인 청취자들은 DJ와 일대일로 이야기한다고 느끼기 때문에 DJ와의 친밀도가 높게 형성됩니다.

아침 교통 방송을 하면서 청취자들에게 습관처럼 하던 멘

▶ 라디오 진행하며 한 컷

트가 "저 좀 같이 태워 주세요."라는 말이었어요. 청취자들이 차에서 라디오를 켜면, 차 안에 저와 청취자가 함께 탄다는 의미에서였어요. 실제로 그 멘트로 인해 청취자들이 저에게 더욱 친밀감을 느끼고 교감할 수 있었다고 하시더라고요.

또, 라디오는 청취자에게 바로 피드백을 받을 수 있어요. 예전에는 엽서로 사연을 받았지만, 2003년부터는 휴대 전화 문자로 사연을 받으면서 보다 빠른 피드백을 받을 수 있게 되었죠.

Question ## 라디오와 TV 방송 중 더 어려운 것은 무엇인가요?

개인적으로 TV보다 라디오가 더 어려운 것 같아요. TV는 화려한 옷, 배경, 자막 등 화면에 담긴 여러 요소에 의해서 시청자들의 주의가 분산되지만, 라디오는 온전히 음성에만 집중하고 있기 때문이에요. 여러 방송 수단 중에서 유일하게 목소리로만 전달하는 것이거든요. 청취자들은 목소리에만 집중하고 있기 때문에 진행자가 마음에 없는

▶ tbs TV 방송 개국식의 진행을 맡다

말을 하면 다 알더라고요. 심지어 일주일 내내 하는 방송이라면, 청취자는 DJ와 일주일 내내 붙어 있다고 느낄 정도예요. 어디가 아픈지, 컨디션이 좋은지 안 좋은지 다 아세요.

연기자와 아나운서의 다른 점은, '말에 진심을 담는가?'의 차이라고 생각해요. 연기자는 드라마 속 인물을 대본에 따라 재현하는 것이지만, 아나운서는 실제 생활하면서 겪게 되는 여러 상황에서 실제 사람과 대화를 하는 것이기 때문에 말에 진정성이 있어야 합니다. 그 점이 기본이면서도 어려운 것 같아요.

라디오를 진행하며 기억에 남는 일은 무엇인가요?

아침 방송을 진행하던 중에 "차가 많이 밀려서 짜증나시죠?"라고 말한 적이 있어요. 그런데 한 청취자가 "차가 밀리는 줄도 모르고 정연주 아나운서의 밝은 목소리 들으면서 굉장히 기분 좋게 가고 있었는데, '짜증나시죠?'라는 단어를 듣고 나니, 그때부터 차가 밀리는 게 보이고 짜증이 났다."라고 문자를 보내주셨어요. 사소한 말 한마디라도 청취자에게 좋지 않은 영향을 미친다면 안 된다고 생각해요. 덕분에 언어 선택을 신중히 해야겠다고 깨달았죠.

Question **라디오를 진행하며 실수했던 경험이 있나요?**

감성이 너무 풍부해서 힘들 때도 있어요. 예전 김홍국 씨와 함께 진행했던 프로그램 속 '행복 사연'이라는 코너에는 유독 슬픈 사연들이 많이 왔어요. 사연을 읽다가 울어 버린 게 한두 번이 아니에요. 전 감성이 풍부해서 연기를 했어도 잘했을 것 같아요. 하하. 눈물이 많아서 이젠 슬픈 프로그램은 맡고 싶지 않아요. 사연을 읽으며 운 것이 잘한 일은 아니지만, 그래도 청취자와 함께 울고 웃었던 추억으로 남아 있어요.

▶ 라디오 뉴스 대본을 보며

저는 초등학교 6학년 때부터 라디오를 좋아했고 즐겨 들었어요. 배한성 선생님의 〈밤을 잊은 그대에게〉라는 프로그램을 듣는데, 목소리가 좋은 성우 분이 책 낭송을 해 주던 코너가 정말 인상적이었어요. 그 프로그램이 없어지고 이후에 영화배우 박중훈 씨가 방송을 했는데, 기존과 다른 형식으로 진행하는 것 역시 좋았어요. 박중훈 씨가 마지막 방송을 할 때는 너무 섭섭해서 울기까지 했어요. 그 방송을 앞으로 못 듣는다고 생각하니 정말 슬프더라고요. 마치 애인과 헤어지는 것과 같은 느낌이었어요.

Question 아나운서를 하는 데 도움이 되는 경험이 있나요?

저는 친구들이 3명만 모여도 이야기를 주도하는 스타일이었어요. 친구들과 모여 보면 각자 역할이 다릅니다. 공감하는 친구, 듣는 친구, 주도하는 친구 등 각자의 특징과 역할이 존재하죠. 만약 아나운서가 되고 싶다면, 자신의 역할을 생각해 보고 아나운서에 어울리는 모습으로 달라져야 합니다. 그러려면 하루는 듣고 공감하는 역할을 해 보고, 또 하루는 이야기를 주도하는 역할도 해 볼 필요가 있어요.

아나운서가 되고 싶다면, 지금부터 자신이 아나운서라고 생각하고 생활하세요. 언어 습관부터 모든 것을 자신이 되고 싶은 사람처럼 흉내 내다 보면 그 모습을 닮아가게 됩니다.

Question 멘토가 있다면 누구인가요?

아나운서를 준비할 때 이계진 아나운서의 〈뉴스를 말씀 드리겠습니다. 딸꾹!〉이라는 책을 읽었어요. 그 책을 통해 방송국 스튜디오에서는 어떤 일들이 일어나는지, 어떤 실수들을 하게 되는지 등 아나운서라는 직업을 간접 체험할 수 있었어요. 그리고 제게 아나운서로서의 가능성을 직접 이야기해 주신 이규원 아나운서도 제게는 큰 영향을 주셨어요.

꿈이 있다면, 멘토를 직접 만나지는 못하더라도 그가 쓴 책을 읽는 것이 큰 도움이 됩니다. 책을 통해서는 우리나라뿐만 아니라 오프라윈프리와 같은 해외의 다양한 사람들도 만날 수가 있잖아요.

　최근에는 KBS 정용실 아나운서를 보며 닮고 싶다는 생각을 했어요. 저와 직접적인 교류가 있는 분은 아니지만, 방송을 해 오신 모습을 보며 제가 바라는 저의 미래의 모습과 비슷하다고 느꼈어요. 주부 프로그램을 진행하며 여성학에 관심을 갖고, 대학원 진학을 통해 그 분야에 전문 지식을 쌓아 책, 서평, 에세이 등을 정기적으로 기고하고 계세요. 또, 아이들 독서 문제나 여성 문제에 관심을 갖고 공적으로 확대시키는 모습에서 제가 꿈꾸는 앞으로의 행보와 닮아 있더라고요.

Question 아나운서의 꿈을 키울 때 도움을 주신 분이 있나요?

　자기 주도적인 성격이기 때문에 누군가에게 특별한 도움을 받은 것은 없었어요. 많은 아나운서 선배님들을 보면서 성장하는 데 도움이 되었습니다.

　일반 방송인과는 다르게 아나운서는 방송국이라는 회사에 소속되어 있기 때문에 소속된 방송국의 분위기에 영향을 받습니다. 방송국마다 뉴스 색깔도, 교육 방법도 다르기 때문이죠.

Question 요즘 관심 분야는 무엇인가요?

　여러 분야에 관심이 많아 아직 한 가지 분야를 정하지는 못했어요. 국가의 좋은 정책이 국민들에게 적용될 수 있도록 가교 역할을 하고 싶어서 대학원에 진학했는데 다니다 보니 대중문화의 역사 연구에도 관심이 생기더라고요.

　또, 입시·진학 상담 프로그램을 진행하면서 교육 현장에서 학생들의 진로 교육 정책에 해결해야 할 과제가 많다는 생각이 들면서, 진로·진학에도 관심이 생겼어요. 중고등학교 학생들의 교육 현실에 갑갑함이 느껴져 교육 제도에도 관심이 생기더라고요. 하하.

대학원에 진학한 이유는 무엇인가요?

방송을 18년 넘게 하고 나니, 보다 깊은 공부를 하고 싶었어요. 일반적으로 아나운서는 다양한 분야의 지식을 갖고 있지만 그 깊이가 깊지는 못해요. 저는 한 분야를 깊이 있게 공부하면 좋겠다는 생각으로 대학원에 진학했습니다. 실제로 저와 같은 이유로 대학원에 진학하는 아나운서들이 많습니다. 꼭 대학원에 가야 하는 것은 아니지만, 학문에 대한 갈증을 느꼈을 때 보편적으로 선택하는 길이기도 하죠.

아나운서는 방송 외적으로 갖는 시간이 많습니다. 물론 주말이나 새벽에 방송할 때도 많지만, PD나 기자들만큼의 다급함을 요하지는 않아요. 방송 외 시간을 개인적으로 사용할 수 있는 여지가 있다는 것입니다. 그래서 대학원도 큰 망설임 없이 다닐 수 있었어요.

Question **취미는 무엇인가요?**

요즘은 취미로 발레를 하고 있어요. 제가 평소에 머리만 쓰고 살더라고요. 발레는 균형 감각이 있어야 하고, 잔 근육을 사용하려고 고도로 집중해야 하거든요. 그러면 자세가 흐트러지지 않아 바른 자세를 하는 데 도움이 되더라고요. 그 밖에도 여름에는 수상 스키, 겨울에는 스키, 등산 등을 즐겨요.

Question **일과 가정생활을 병행하는 데 어려움은 없나요?**

가족들이 많이 희생해 줬어요. 제가 사람들을 만나고 사회적으로 활동하는 것을 좋아하다 보니 아이들은 오히려 엄마가 집에 있는 것을 신기해해요. 또 엄마가 집에 없다고 해도 '엄마는 엄마의 할 일을 하겠지.'라고 생각하고 저의 일을 존중해 줘요. 직장 생활을 하는 여성의 아이들이 분리 불안 증세를 보이는 경우가 많은데, 저희 아이들은 제가 집에 없더라도 TV에 나오는 엄마를 보고, 엄마가 어디서 어떤 일을 하고 있는지 알게 되니까 편안해해요.

남편과 아이에게 큰 감동을 받은 적이 있어요. 가족 여행을 갔다가 제가 방송이 있어 먼저 떠나려고 하자 아이가 칭얼거리더라고요. 그런데 남편이 아이에게 '집에서는 엄마지만, 방송국에 가면 우리 가족들보다 더 많은 사람을 만나야 하는 아나운서이기도 해.'라고 말하자 아이가 알아듣고 울음을 그치더라고요. 불과 6살 아이가 그런 의젓한 모습을 보여 주니, 아나운서의 삶을 위해 엄마로서의 삶은 너무 내려놓은 것이 아닌가 싶어 미안하기도 했어요. 하지만 엄마가 좋아하는 일을 알고 믿어 주는 것이 정말 고맙더라고요.

하지만 저희 집에도 위기가 있었어요. 아이가 중학교에 입학하면서 사춘기가 시작됐어요. 아이들 양육과 교육을 도맡아 주시는 시어머니와 아이가 많은 갈등을 빚더라고요. 교육열이 높은 시어머니는 아이가 컴퓨터 게임을 너무 많이 한다며 혼을 내시는데 아이가 방에 들어가 버렸나 봐요. 결국 시어머니께서 '더는 못 하겠다.'며 저에게 전화를 하셨어요. 부랴부랴 집으로 갔더니 분위기가 냉랭하더라고요. 들어가서 아이와 얘기를 해 보니, 주말에만 컴퓨터를 하기로 했는데 주중에도 매일 게임을 했더라고요. 자신이 잘못한 것은 알지만 여전히 불만 가득한 표정이었어요. 그래서 아이에게 컴퓨터 문서 프로그램을 열어서 제가 부르는 대로 받아쓰라고 했어요.

"사직서. 아나운서 정연주. 개인적인 사유로 방송을 그만 두겠습니다."

아이가 쓰다 말고 문서를 지워버리더니 "제가 게임 끊을게요."라고 말했어요. "엄마가 없어서 네가 거짓말 하고 집 분위기가 이렇게 좋지 않다면 이제는 방송을 그만 둬야겠다."라고 했더니, "엄마가 얼마나 방송을 좋아하는지 아는데, 나 때문에 엄마가 그만 둔다면 내가 수치스러워요."라고 하더라고요. 늘 일과 양육을 병행하는 것이 힘들었는데 지금이 '내가 집에 있어야 할 시점인가보다.'라는 생각이 들었어요. 하지만 아이가 하는 말을 듣고는, 지금 일을 그만 둔다면 아이에게 또 다른 상처가 될 수도 있겠더라고요.

육아와 일을 병행하는 것은 정말 쉽지 않습니다. 실제로 육아 때문에 그만 두는 동료들도 있고요. 저 역시 '그만 둬야 하지 않을까?'라는 생각을 여러 번 했어요. 하지만 또 한편으로는 '그만 두고 아이와 시간 보낸다고 과연 행복할까?'라는 생각도 들어 그만 둘 수가 없었어요.

Question 발전을 위해 노력하는 것이 있다면 무엇인가요?

책을 통해 구체적인 것들을 얻을 수 있습니다. 책을 읽으며 간접적으로 알게 되는 하나하나가 자양분이 되거든요.

아나운서들은 자신의 방송 관련 분야 외에도 역사, 소설 등 다양한 책을 읽어요. 저는 요즘 과학책을 읽고 있어요. 평소 너무 감성적이고 말랑말랑하기 때문에, 감성에서 벗어나 분석적인 사고를 하기 위해서예요.

Question 아나운서 이후의 삶에 대한 목표나 계획이 있나요?

저 역시 아나운서 이후의 삶에 대한 고민을 합니다. 대학원에서 흥미를 느꼈던 대중문화 쪽이나 진로 교육, 진로 상담 등 여러 가지 분야에 대해 고민해요. 어린 시절 하던 진로에 대한 고민을 어른이 되어도 하게 됩니다.

아나운서라는 직업의 좋은 점은 다양한 분야를 접하며 보다 많은 분야에 관심을 가질 수 있다는 거예요. 한 분야에 깊은 전문성을 가진 사람들은 새로운 분야에 도전하기 두렵고 어려울 수도 있지만, 다양한 분야를 접하는 아나운서의 직업 특성상 다양한 분야에 관심을 두고 새로운 분야에 도전할 수 있는 기회가 있는 것 같아요.

아나운서는 대중에게 이상적인 모습을 보여 주는 직업 같아요. 현실에 발을 딛고 있지만, 시청자나 청취자에게 이상향을 던져 줄 수 있는 희망의 아이콘이 되어야 하는 것이 아나운서라고 생각해요.

또, 공감 능력이 뛰어나면 아나운서로 활동하는 데 도움이 돼요. '공감 능력이 있는가?'는 '진정성을 갖고 상대의 이야기에 귀를 기울이고 이해할 수 있는가?'라고도 바꿔 말할 수 있을 것 같은데요. 저는 사람들과 이야기하고 마음 나누는 것을 좋아해서 누구에게나 이런 것이 자연스러운 것이라 생각했는데, 나이가 들고 다양한 사람들을 만나다 보

니 그렇지 않은 사람들도 많이 있더라고요. 혼자 일하는 것이 적성에 잘 맞는 사람이라면 아나운서로 활동하기에는 어려움이 많을 거예요.

다양한 사람과 만나고 공감하는 능력은 아나운서에게 중요한 역량이기 때문에, 대인 관계에서 공감 능력이 있는지를 돌아본다면, 자신이 아나운서라는 직업에 잘 맞는지 판단할 수 있는 근거가 돼요. 감성과 교감 능력은 선천적으로 타고나기도 하지만, 후천적인 영향 역시 많이 받아요. 스스로 어떻게 노력하는가에 따라 달라져요.

그리고 무엇보다도 언어적 감각은 기본적인 자질이겠죠. 읽고 쓰고 말하는 것에 기본 이상의 지식과 자질이 있어야만 아나운서가 되어서도 계속 성장할 수 있어요.

아나운서에게 적합한 성향은 무엇인가요?

자신이 어느 자리에서 편안함을 느끼는지 알아야 해요. 저는 뉴스나 라디오를 진행하는 자리가 편해요. 카메라 안쪽에 있는 것이 편안한 사람이 카메라 밖에 있으면 자괴감을 느끼고, 카메라 밖에서 연출하는 것이 잘 맞는 사람이 카메라 안에 있다

면 불편함을 느낄 겁니다. 특히, 리더십을 발휘하여 일을 조직적으로 이끌어 나가는 것을 좋아하는 사람이라면, 아나운서의 역할에 갑갑함을 느끼기도 하더라고요. 마치 주어진 역할만 하는 배우와 같다고 생각하죠.

또, 자신이 어디서 성취감을 느끼는지 알아야 해요. 아나운서가 저와 잘 맞는 부분은 피드백을 바로바로 받을 수 있다는 점이에요. 기업에서 장기 프로젝트를 진행하는 것을 좋아하는 사람이 있는 반면, 저는 방송이 끝날 때마다 바로 피드백을 받는 것을 좋아합니다.

Question 프리랜서로 일하는 아나운서에 대해 어떻게 생각하나요?

아나운서를 달리 말하면 '방송을 하는 직업인'입니다. 아나운서 역시 회사의 조직원이더라고요. 프리랜서를 선언하고 조직을 나가는 사람은 회사에 소속된 조직원으로서의 역할보다는 방송 본연의 일에 좀 더 집중하고 싶은 것이라고 생각해요.

자신이 원하는 방송에 좀 더 집중하고 싶고, 자신이 하는 만큼 금전적인 면도 더 보상을 받고 싶은데, 사실 회사의 조직원으로서 아나운서는 자기가 마음먹은 대로 하기에 제약이

따릅니다. 회사의 조직원으로서 주어지는 업무에서 자유롭기 어렵고, 능력이 뛰어나더라도 조직에 기여하기 위해 양보해야 할 때도 있으니 갈등이 생기죠. 회사의 입장과 자신의 가치관이 맞지 않다면 프리랜서로 나가는 것이 맞다 생각해요.

 **아나운서에 대한 일반적인 오해나 환상은 무엇인가요?**

방송사의 수가 적은데다 모집하는 공채 인원도 적다 보니 전문적으로 아나운서 지망생을 교육해 주는 곳도 많이 생겼죠. 단시간에 방송에 접근해 볼 수 있는 기회를 손쉽게 제공한다는 면에서 긍정적인 면도 있어요. 그런데, 대부분 외형적인 것에 치우쳐서 잘못 가르치거나, 내용보다는 기술이나 형식을 먼저 가르치는 경우가 많아 우려스러운 점들이 있어요.
아나운서가 되기 위해 형식보다는 마음가짐이 우선시 되어야 하는데, 주객이 전도되어 외면부터 채우려고 하는 안타까운 일들이 일어나는 것이죠.

'아나운서가 되려면 예뻐야 한다.'라는 오해에 대해 이야기를 해 보죠. 아나운서는 예뻐야 합니다. 하지만 이는 시청자들에게 호감을 줄 수 있어야 한다는 말과 같은 말로 이해해야 합니다. 오해해서 아나운서가 되기 위해 성형 수술을 해야 한다는 말로 해석하면 안 되죠. 아나운서는 외형적 매력이나 아름다움만을 추구해서는 이룰 수 있는 직업이 아니에요. 아나운서에게는 신뢰를 주고 편안한 이미지가 더 중요해요.

또, '미디어에 노출되면 돈을 많이 번다.'고 생각하는 경향이 있습니다. 하지만 그렇지 않아요. 노동 강도에 비해 적게 버는 것은 아니지만 그렇다고 경제적인 부분에서 큰 이점이 있는 직업은 아닙니다. 직업을 선택하는 데 금전적인 부분을 중요시하는 사람이라면 만족하기 어려울 거예요.

보람을 느끼는 순간은 언제인가요?

꼭 거창한 게 아니더라도 소소한 데에서 보람을 느껴요. 아이들이 아나운서로서 삶을 즐기고 일에서 보람을 느끼는 엄마의 모습이 자랑스럽다고 해 줄 때 기뻤어요. "차를 타고 갈 때 엄마 방송을 들으면 시간 가는 줄 몰라서 좋아."라고 말했을 때 참 뿌듯하더라고요.

청취자에게 좋은 피드백을 받을 때 역시 많은 보람을 느껴요. 2003년부터 2007년까지 〈정연주의 상쾌한 아침〉이라는 프로그램을 진행했어요. 그때 출근길에 라디오를 듣던 청취자들 중 아직도 방송 이야기를 하시면서 그리워해 주시는 분들을 다양한 곳에서 만나게 될 때가 많아요. 그런 분들을 뵐 때 보람을 느껴요.

지금 진행하는 심야 음악 프로그램을 통해서 늦은 시간에 일하는 분들이나 깨어 있는 분들에게 위안이 될 때 역시 보람을 느끼고요.

직업으로서 아나운서의 비전은 어떤가요?

내레이션, 교양 프로 MC 등 예전에는 아나운서의 영역이었던 부분들에 진입 장벽이 없어지며 아나운서의 영역이 축소됐어요. 의사, 변호사도 MC를 할 수가 있죠. 진입 장벽이 낮기 때문에 직업적 전망이 그리 밝다고는 생각하지 않아요. 하지만 그렇다고 누구나 잘할 수 있는 영역이라고 생각하지는 않아요. 그렇기 때문에 다양한 영역 중에서 아나운서로서 자신의 전문화된 분야를 만들어야겠죠.

앞으로 직업으로서 아나운서의 개념이 바뀌지 않을까 예상합니다. 아나운서라는 하나의 영역으로 묶는 것이 아니라 분야에 따라 캐스터, MC 등 세분화되고 특화되는 것이 맞다 생각해요. 그렇게 생각하면 '아나운서'라는 직업이 없어질 수도 있겠죠.

하지만 뉴스는 오직 아나운서만 할 수 있는 영역입니다. 기자도 뉴스를 하지만 기자와 아나운서가 전하는 뉴스에는 차이가 있죠. 기자는 직접 리포트를 쓰고 뉴스를 전달하기 때문에 자신의 주관이 들어가지만, 아나운서는 기자가 쓴 리포트를 객관적이고 냉정하게 전달합니다. 나쁘게 표현하는 분들은 앵무새라고 말씀하시기도 하지만, 어찌 보면 뉴스의 특성상 개인의 감정을 담지 않고 사실만을 전달하는 것이죠.

Question 아나운서가 되는 데 어떤 전공이 도움이 되나요?

아나운서가 되는 데에 전공은 무관합니다. 아나운서 중 항공대를 졸업한 친구도 있어요. 의학 계열, 공대 출신 등 다양합니다.

다만 사회 계열, 상경 계열이 도움이 되는 부분이 있는 것 같아요. 졸업을 하고 보니 '어문 계열이냐, 사회 계열이냐, 법대 계열이냐'에 따라 특징이 다른 것 같아요.

아나운서가 되기 위해서 신문방송학과 등 미디어 관련 학과를 가야 한다고 생각하지 않아요. 본인이 미디어에 관심이 있어서 진학한다면 좋지만, 아나운서가 되기 위해 진학하는 것은 권하지 않습니다. 본인이 어문 계열을 잘하면 어문 계열로, 사회 계열을 잘하면 사회 계열로 가야 해요. 아나운서가 다루는 것은 폭넓기 때문에 미디어만 공부해서 되는 것이 아니에요. 자신의 관심 분야와 맞고 잘 풀어낼 수 있는 곳에서 공부해야 돼요.

아나운서를 꿈꾸는 학생들에게 하고 싶은 말씀은 무엇인가요?

아나운서를 지망하는 사람들이 자기 자신을 바로 알았으면 좋겠어요. 요즘 학생들은 단지 미디어에 많이 노출되는 직업들을 선호하는 경향이 있더라고요. 그 중 하나가 연예인, 아나운서인 것이죠. 누구나 할 수 있는 일처럼 느끼겠지만, 하고 싶은 것과 잘할 수 있는 것은 달라요. 잘할 수 있는 게 아니면 살아남기 어렵고, 결국 회의감을 느끼고 포기하게 됩니다. 외모를 가꾸는 것만이 아니라 아나운서가 일하는 분야에 대해 꾸준히 공부할 수 있는지, 자신의 성향이나 목소리 등이 아나운서를 하는 데 적합한지 돌아보고 판단하는 것이 좋아요.

또, 자신이 가치를 두는 것이 무엇인지 알고, 기준을 세워 그에 맞는 직업을 선택했으면 좋겠어요. 직업을 선택하는 데 있어 우선순위로 두는 것이 무엇인지 알아야 해요. 돈을 많이 벌지 못하더라도 가족과 보내는 시간을 최우선으로 여긴다면 그런 직업을 택하는 것이 옳다고 생각해요.

어린 시절 거동이 불편하신 할머니와 세상을 이어주는 유일한 창구가 TV라는 걸 알게 되면서 아나운서를 꿈꾸게 되었다.

대학 졸업 후 도전했던 KBS 아나운서 시험에서 낙방하고 K-TV라는 방송사에 입사해 좌충우돌 연습 끝에 어설픈 신입 아나운서에서 점차 앵커의 모습으로 거듭나게 됐다. 그 후, 뉴스 전문 채널 MBN에 입사해 2년간 경력을 쌓으며 나름 인정받던 그녀가 또 다시 KBS 아나운서에 도전을 결심한 것은 28살 때였다. 많은 사람들이 적지 않은 나이와 안정된 직장을 이유로 새로운 도전을 만류했지만 더 큰 무대에서 다양한 방송을 접해 보고 싶다는 열망을 막을 수는 없었다. 그리고 끝내 그녀는 KBS 아나운서라는 꿈을 이루었다.

그녀는 KBS 대표 프로그램인 〈도전! 골든벨〉을 비롯해 〈누가 누가 잘하나〉, 〈꿈의 기업 스카우트〉 등에서 활약하였고 〈토요일 930뉴스〉, 〈12시 뉴스〉 진행을 하고 있다.

옆집 언니 같고, 친구 같은 친근한 아나운서가 되고 싶다는 바람으로 매일 노력하고 있다.

KBS (한국방송공사)

전주리 아나운서

● 현) KBS 아나운서국 아나운서
● 전) MBN 아나운서, K-TV 아나운서
● 한국외국어대학교 독일어교육과/ 국어교육과 졸업

아나운서의 스케줄

KBS
전주리
아나운서의
하루

23:00 ~ 06:00
▶ 수면

20:00 ~ 22:00
▶ 휴식 및 운동
22:00 ~ 23:00
▶ 독서

18:00 ~ 19:00
▶ 퇴근
19:00 ~ 20:00
▶ 저녁 식사 및 가족과
   함께 시간 보내기

06:00 ~ 08:00
▶ 아침식사 및 출근 준비
08:00 ~ 09:00
▶ 출근

13:00 ~ 14:00
▶ 〈누가 누가 잘하나〉 프로그램
   녹화 준비
14:00 ~ 17:00
▶ 〈누가 누가 잘하나〉
   프로그램 녹화

09:00 ~ 12:00
▶ 방송 관련 자료 조사 및 한국어
   교육 관련 업무 진행
12:00 ~ 13:00
▶ 점심식사

• 2015년 기준

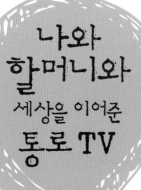

나와
할머니와
세상을 이어준
통로 TV

▶ 어린 시절 부모님과 놀러 가서

▶ 초등학교 졸업식에서 대표로 졸업장 수여

▶ 학예회 후 친구들과 함께

아나운서를 꿈 꿨던 계기는 무엇인가요?

초등학교 1학년 때부터 장래 희망에 늘 아나운서를 적었어요. 그 이유를 생각해 보면 저는 다른 친구들에 비해 TV와 가까이 지낸 시간이 많았어요. 부모님은 맞벌이를 하셨고, 늘 함께 지낸 할머니는 다리가 불편해 잘 움직이지 못하시니 항상 TV를 켜 놓고 무료함을 달래셨거든요. 그러면서 TV에 나오는 사람들에게 친숙함을 느꼈나 봐요.

저희 할머니가 아는 모든 세상의 이야기는 TV 속에 있었어요. 사람들은 바보상자라고 말할지 몰라도, 세상과 접하기 어려운 사람들에게는 세상을 알려 주는 유일한 통로가 TV라는 생각이 들었어요. 뉴스는 특히 더 그래요. 가 보지 못한 미국이라는 나라가 어떻게 생겼는지, 어떤 사람들이 사는지도 알 수 있으니까요. 할머니에게도 마찬가지였어요. 글을 모르시는 할머니에게 TV는 음성으로 세상 소식을 들려주었죠. 그래서 저는 TV나 라디오에서 이야기를 전달하는 아나운서의 역할이 중요하다고 생각했고, 저도 그런 소중한 일을 하고 싶다고 생각했어요.

Question 어떤 학생이었나요?

어린 시절에는 사람들 앞에 서는 것을 즐기는 성향이었어요. 무리의 리더가 되는 것을 좋아해서 반장을 하거나 전교 회장을 하기도 했어요. 초등학교 5학년 2학기에 전학을 갔는데, 처음에는 새로운 친구들에게 적응하기 어려워 잠시 소외되고 힘들었지만 6학년이 되면서는 모두와 친해져서 전교 회장도 할 정도였어요.

▶ 반 친구들과 즐거운 한 때

또, 단체 활동을 좋아해서 합창단 활동을 하기도 했어요. 친구들과 어울리는 것을 워낙 좋아해서인지 공부를 잘하지는 않았어요. 공부는 고등학교 3학년이 되면서 열심히 해야겠다는 생각이 들었죠.

친구들 사이에서 저는 '얌전할 것 같지만 성격 있는 친구'였어요. 특히, 여학생들이 남학생들에게 할 말을 제대로 못하는 것이 싫었어요. 남학생들이 교실에서 농구공을 던지며 놀면 버럭 소리를 질러 제지하곤 했으니까요. 하하.

Question ### 좋아하는 과목은 무엇이었나요?

국어 과목을 좋아해 말하고 글 쓰는 것을 즐겨했어요. 반장이나 회장 선거에 나갈 때 연설문을 쓰는 일도 즐거웠고, 반장이 되어 회의를 진행하는 일도 즐거웠어요.

Question ### 부모님께서 기대하신 직업은 무엇인가요?

어떤 일로 부모님과 갈등이 생기면 일방적으로 꾸지람을 듣기 보다는, 제 생각을 논리정연하게 정리해서 바로바로 말씀드리곤 했어요. 그때 부모님께서는 '말대꾸한다.'고 야단치지 않고, '말을 잘하니 아나운서가 돼라.'고 말씀하시곤 하셨어요. 지금 생각해 보면 반어적 표현이었는지도 몰라요. 하하.

Question ### 아나운서를 꿈꾸면서 독어교육을 전공한 이유는 무엇인가요?

제가 어렸을 때에는 아나운서는 쉽게 체험해 보거나 정보를 얻을 기회가 많지 않은 직업 중 하나였어요. 선생님께 관련된 질문도 많이 하고, 인터넷을 찾아보며 정보를 얻었어요. 찾아보니 아나운서가 되기 위해서 반드시 신문방송학과에 진학할 필요가 없다는 것을 알게 됐어요.

막상 고3이 되어 수능을 보고 입학 원서를 쓸 시점이 되니 아나운서라는 직업이 정말 나에게 맞는지, 잘 할 수 있을지 확신이 들지 않았어요. '사람들 앞에 서서 말하는 일이 나와 잘 맞을까?'라는 많은 고민이 들었죠. 만약 아나운서가 나에게 맞지 않는 직업이라면, 무언가 대안이 있어야겠다고 생각했어요.

'아나운서를 제외하고 내가 가장 하고 싶은 것은 뭘까?'라고 생각해 보니, 저는 어린 시절부터 누군가에게 제가 아는 것을 가르쳐 주는 일을 좋아했어요. 아마 교사였던 아버지의 영향을 받았던 것 같아요. 게다가 고등학교 선배 중 국어교육을 전공하고 아나운서가 된 분이 있어 결심을 하게 됐죠.

그렇게 전공을 독어교육학으로 선택하고, 국어교육을 복수 전공했어요. 실제로 고등학교로 교생 실습을 나가 보니, 저와 잘 맞는 직업이라는 생각이 들었어요. 학생들과 함께 있으면 학생들의 때 묻지 않은 순수함과 감정에 대한 솔직함이 느껴서 정말 좋았거든요.

Question 아나운서가 되는 준비 과정은 어땠나요?

제가 아나운서를 꿈꿨지만 막상 준비하려니 망설여졌어요. 경쟁률이 워낙 높고 시험 과정이 어려워서 막막하게만 느껴졌죠. 그래서 대학교 3학년 때까지도 그저 학교만 열심히 다닐 뿐, 실질적으로 준비하거나 노력한 것이 없었어요.

그러던 중 저와 같이 아나운서를 꿈꾸던 같은 과 친구가 많은 도움이 됐어요. 그 친구가 먼저 아나운서 준비를 하겠다는 말을 내뱉고 방송 아카데미에 다니기 시작한 거예요. 그 친구를 통해 조금씩 정보를 얻게 되었고, 저도 용기를 내어 아카데미를 다니며 본격적으로 준비하기 시작했어요.

그렇게 4학년 1년 동안 열심히 시험을 준비하고, 졸업이 가까울 때 아나운서 시험을 봤어요. 그런데 지원했던 3사 방송국 모두 1차에서 떨어졌어요. 첫 시험을 치자마자 커다란 충격과 함께 '이런 식으로는 절대 안 되겠구나.'라고 여실히 깨달았어요. 그 뒤 졸업을 하고 1년 동안 혼신을 다해 준비했어요. 백수 신분이라는 불안함 때문에 더욱 절실한 마음으로 준비할 수 있었던 것 같아요.

1년 만에 다시 시험을 봤고, 2군데 방송국의 최종 면접까지 올라갈 수 있었어요. 하지만 MBC에서도 불합격 통보를 받고, 연이어 KBS에서도 불합격 통보를 받았어요. '이제 그만해야 하나? 왜 나는 안 될까?'라며 좌절했어요. 하지만 포기하기 보다는 가장 크고 높은 곳

아나운서가
되기 위해
준비하다

▶ 어린 시절부터 사람들 앞에 서는 것을 즐기다

▶ 프로야구 시구를 준비하며

에 있겠다는 욕심을 버리고 '어디서든 열심히 배운다.'고 마음을 고쳐먹었어요. 마침 K-TV 방송국의 공고를 보고 다시 용기를 내 지원을 했고, 합격하여 방송을 시작할 수 있었어요.

Question 방송 아카데미에서는 어떤 것을 배우나요?

주변에서 아나운서 직업을 가진 사람을 만나 정보를 얻거나 직업 체험을 하는 게 쉽지 않잖아요. 방송사 홈페이지에 뜨는 모집 공고를 보면 1차 카메라 테스트, 2차 필기시험, 3차 면접 시험, 4차 면접 시험이라고만 추상적으로 나와 있어요. 시험을 보려면 어떤 것을, 어떻게, 무엇부터 준비해야 할지 막막하더라고요. 그래서 같은 꿈을 꾸는 사람들이 모이는 방송 아카데미의 문을 두드리게 되었어요. 방송 아카데미에서는 시험 과정에 대한 구체적인 정보와 효율적으로 준비하는 방법 등을 알 수 있어요.

그리고 아나운서라는 같은 꿈을 꾸며 준비하는 친구들을 만날 수 있다는 게 좋아요. 정보를 공유할 수도 있고, 서로에게 힘이 되기도 해요. 남들은 그런 어려움을 모르는데, 같은 목표를 가진 친구들이라 심적인 어려움을 함께 나누고 서로 위안과 힘을 주었어요.

Question 방송국의 입사 시험은 어떤 방식으로 진행되나요?

1차는 카메라 테스트를 해요. 카메라 테스트에서는 뉴스 대본을 읽으며 그 사람의 발음, 발성, 카메라에 찍혀 화면에 나오는 모습과 뉴스 대본을 얼마나 능숙하게 읽는지 등을 평가를 합니다. 그리고 2차는 필기시험에서는 논술, 작문, 방송학개론, 토익, 학점, 한국어능력시험 등의 점수를 합산해서 평가해요. 3차에서는 1차에서 진행했던 뉴스 대본이나 다른 분야의 MC 대본을 읽는 테스트를 한 번 더 해요. 거기에 추가로 면접을 봅니다. 면접에서는 인성에 관련된 질문과 왜 아나운서가 되고 싶은지, 성장 배경은 어떤지, 가치관은 어떤지 등 그 사람의 삶에 대한 전반적인 질문을 합니다. 다른 방송사에서는 집단 토론을 하기도 해요.

여기까지 통과하면 그 다음은 최종 면접인데요. 최종에서는 그동안 거쳤던 시험에 대해 심사위원들과 면접을 진행해요. 그동안의 1~3차 시험을 통해 나타난 제 모습이나 그때 찍었던 영상을 다시 보면서 관련된 질문으로 면접을 봅니다.

Question 필기, 면접 등 시험을 치면서 에피소드가 있나요?

저는 1~4차 시험의 모든 과정이 다 어려웠어요. 1차도 1년 정도 준비하고 합격했어요. 그 당시 여자 지원자만 1800명 정도였고, 그중 1차 시험에는 80명이 붙었어요.

1차 시험은 뉴스 원고 3문장을 읽고 30초 만에 끝나는데, 여기서 내가 왜 떨어졌는지 그 이유를 빨리 찾는 게 중요해요. 1차 시험에서 떨어지면 모든 방송사의 1차 시험에서 떨어질 확률이 높아요. 반대로 1차 시험에 합격하면 다른 방송사 1차 시험에도 합격한다고 봐야죠.

합격의 기준이 되는 수준이 있다고 하더라고요. 발음이 부족한지, 발성이 부족한지, 비디오 측면이 부족한지 등 원인을 빨리 찾는 게 중요해요. 여러 번 도전해도 1차에 합격하지 못해 그만 두는 친구들도 많아요.

논술, 작문, 방송학개론, 토익, 학점, 한국어능력시험을 합쳐서 필기라고 하거든요. 저는 2차 필기시험이 어려웠어요. 1차는 한 방송사에서 합격하면 다른 방송사에서도 대부분 합격되는데, 2차 필기가 어렵더라고요. 정말 준비할 게 많아서 쉽지 않았어요.

여러 곳에서
경험을 쌓고,
꿈꾸던 KBS에
입사하다

▶ 〈도전! 골든벨〉을 진행하며

▶ 제주 KBS 근무 당시 지역 축제에 참석하여

▶ 명절 특집 〈행복 골든벨〉 녹화 전 한 컷

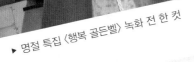

K-TV에 합격하고, 첫 방송은 어땠나요?

면접에서 면접관들이 제게 몇 차례 물으셨어요.

"정말 할 수 있겠어요?"

저는 무조건 자신 있게 대답했어요.

"물론 할 수 있죠!"

사실 저는 '카메라에 빨간 불이 들어오면 말한다.'는 사실 외에는 아는 것이 없었어요. 알고 보니 K-TV 방송국은 신입 사원을 채용해서 훈련시키는 것이 아니라 처음부터 능력 있는 프리랜서 아나운서를 뽑아 방송 진행을 전적으로 맡기는 시스템이었어요. 그러니 아나운서들은 방송 1시간 전에 방송국에 도착해 자신이 맡은 방송만 하고 퇴근하는 거예요. 이러한 시스템이다 보니 '방송 초보'인 저를 가르쳐 주는 선배는 아무도 없었어요.

첫 방송부터 1시간짜리 뉴스를 진행했는데, 기억도 나지 않을 만큼 많은 방송 사고를 냈어요. 방송이 시작된 줄 모르고 있다가 PD가 대본을 읽으라고 알려주거나 각 부처의 장관들의 이름을 잘못 말하고, 카메라에 불이 들어왔는데도 턱을 괴고 다른 곳을 보고 있는 등 정말 많은 실수를 했어요.

그때 제가 다른 사람들에 비해 유난히 긴장을 많이 한다는 걸 알았어요. 매일 생방송을 하는데도 적응을 못하고 떨었거든요. 방송이 끝나면 울면서 집에 돌아가고, 다음날도 출근해야 한다는 것이 두려웠어요. 결국 회사에서 해고되었지만, K-TV에서의 3개월은 저를 정말 많이 성장하게 했어요. 어찌됐든 매일 방송을 하며 많은 것을 배웠고, 스스로 '내가 아직 준비가 안 됐구나.'라는 것을 느꼈어요. 그래서 이후 더 성장하기 위해 노력하는 계기가 되었어요.

아나운서를 그만두겠다는 생각은 하지 않았나요?

물론 너무 두렵고 힘들어서 '여기(K-TV)를 그만둘까?'라는 고민도 했어요. 하지만 '아나운서를 하지 말아야겠다.'는 생각은 하지 않았어요. 매일 흘린 눈물이 아깝잖아요. 오히려 '더 잘하고 싶다.'는 생각이 더 컸죠.

 **K-TV 이후 MBN으로 이직하셨다고요?**

이후 뉴스 전문 채널인 MBN 방송국에서 2년간 일했어요. 처음 MBN에서 면접을 보는데 K-TV에서 한 생방송 실수 때문이었는지 "생방송으로 진행하나요?"라는 바보 같은 질문을 했어요. 하하. 뉴스이니 당연히 생방송인데 말이죠.

일단 합격은 했지만 덜컥 걱정부터 됐어요. 다행히도 MBN 방송국에서는 일주일의 교육 기간이 있었어요. 앵커는 카메라의 빨간 불을 보고 말하는 것이 아니라 귀에 꽂은 코를 통해 사인을 듣고 말하는 거예요. 교육 기간 동안에는 방송을 할 때 귀로 들리는 사인에 익숙해지는 연습을 해요. 떠드는 소리, CG-IN, STARTING 등 무대 밖의 소리들을 들으면서 원고를 읽어야 합니다. 여러 가지 소리가 들리면 헷갈리기 때문에 열심히 듣는 교육을 받는 것이죠. 훈련이 되고 나니 실수가 줄어들더라고요.

 MBN에서의 뉴스 진행이 방송하는 데 도움이 되었겠네요?

MBN에서 뉴스를 진행하며 자신감이 붙었어요. 이전 방송국에서는 방송이 끝나면 매일 울었는데, MBN에서는 체계적으로 교육도 받고 칭찬도 받아서 자신감이 붙고 실수를 하지 않게 되더라고요.

그러다 보니 점점 저의 역할도 늘어나게 되었어요. 이전에는 원고를 받아서 읽는 정도였는데, 뉴스를 진행하다 스튜디오로 손님을 초대하거나 전화로 인터뷰를 하는 경우에 주도적으로 진행할 수 있는 권한도 주어지더라고요. 제가 할 수 있는 일들이 많아지니, 점점 의욕이 생기면서 방송을 즐길 수 있게 되었어요.

MBN에서 자신감이 붙어 이후 KBS의 입사 시험을 잘 볼 수 있었어요. 2007년 KBS에서 처음 면접을 봤을 때는, 내가 모르는 내용에 대한 질문을 받으면 긴장해서 한 마디도 대답하지 못했어요. 그런데 매일 생방송을 하며 담력이 세졌는지, 어떤 질문에도 막힘없이 대답할 수 있게 되더라고요. 특히, MBN에서는 갑자기 들어온 속보를 읽어야 하는 일이 많았어요. 또, 뉴스 생방송 도중 뒤에 있던 조명이 너무 뜨거워져서 터진다거나, 전화 인터뷰 도중 전화가 끊겨버리는 등 예기치 못한 사고들도 많았죠. 하지만 어떤 상황이 펼쳐지더라도 당황하지 않고 태연히 뉴스를 진행해야 하기 때문에 자연히 상황 대처 능력을 기를 수 있었어요. 2010년에 다시 본 KBS 면접에서 이렇게 제가 성장해 온 모습들을 진솔하게 말씀드렸어요.

방송 아카데미에 강의를 나가면 "무대에 가면 너무 떨리는데, 아나운서의 꿈을 포기 해야 하는 걸까요?"라며 제가 했던 것과 비슷한 고민을 토로하는 친구들이 있어요.

저는 "나 역시 마찬가지였지만, 경험으로 극복할 수 있다."고 말해 줘요.

Question MBN에서 KBS로 이직하셨는데, 그 이유가 무엇인가요?

첫 번째는, 비정규직이라는 것 때문이었어요. 현재 케이블 방송사의 아나운서는 대부분 비정규직 프리랜서예요. 고용 안정성이 떨어진다는 것, 재계약에 대한 불안감이 크다는 것이 가장 큰 이유였어요.

두 번째는, 지금은 아니지만 예전에는 MBN이 뉴스 전문 채널이었어요. 너무 뉴스만 하다 보니 다른 분야도 해 보고 싶다는 생각이 들었어요. 물론, 같은 분야를 오래하면 전문가가 될 수 있겠지만 다른 분야도 도전해 보고 싶더라고요.

무엇보다 가장 큰 이유는 KBS에 근무하고 싶었어요. 공영 방송이라 유익한 프로그램에 참여할 수 있다는 게 큰 매력이었어요. 유명하고 인기 많은 프로그램이 아니라 좋은 취지로 보람을 느끼면서 할 수 있는 프로그램이요. 예를 들면, 〈사랑의 리퀘스트〉, 〈러브 인 아시아〉 등은 사람들의 마음을 따듯하게 만들 수 있어 보람을 느껴요.

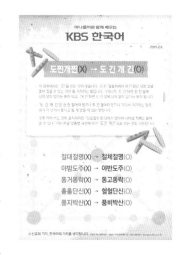 Question. KBS에서 맡은 업무는 무엇인가요?

KBS에서 일하고 있는 4년차 아나운서입니다. 입사하면 먼저 지역 방송국에서 근무를 시작하는 KBS의 순환 근무 체제에 따라 저 역시 4년 중 2년은 제주 KBS에서 근무했어요.

청소년 퀴즈 프로그램인 〈도전! 골든벨〉과 어린이·청소년 동요 프로그램인 〈누가누가 잘하나〉를 주간 프로그램으로 진행했어요.

또, 한국어 연구부 중에서도 한국어 교육팀에 속해 방송 외에도 한국어 관련 교육을 합니다. '바른 말을 쓰자.'는 주제로 포스터를 만들거나 중·고등학교를 방문하여 강

의를 하기도 합니다. 이전에 있던 방송국에 비해 KBS는 방송 외적인 일도 많아요. 이전에는 방송만 했었는데, 지금은 방송 이외에도 교육 사업이나 행정적인 일 등도 해야 합니다.

Question. 순환 근무의 지역은 어떻게 결정되나요?

연고가 있는 지역으로 발령이 나는 경우가 많은데, 지방에 연고가 없다면 방송사의 상황에 따라 인원이 필요한 곳으로 발령이 납니다. 지역 방송 역시 서울과 마찬가지로 뉴스, 시사, 교양 등 다양한 프로그램이 있어요. 제주도의 과일이나 음악을 소개하는 프로그램이나 제주도 어린 친구들의 노래 경연 프로그램 등 지역 특색을 잘 살릴 수 있는 프로그램을 제작합니다.

지역 방송국과 서울 방송국의 차이점은 무엇인가요?

　제주 KBS에 근무할 때 방송국에서 12개의 프로그램을 제작하였는데, 그중에 제가 8개 프로그램에 참여했어요. 지역 방송국은 인원수도 적고, 프로그램을 제작할 수 있는 여건이 서울보다 좋지 않은 편입니다. 그래서인지 직원들이 똘똘 뭉쳐 있어 가족 같은 분위기예요.

　KBS 아나운서들이 다방면으로 역량이 있는 것은 지방 방송국에서의 경험 때문인 거 같아요. 서울에서는 주어진 업무만 하지만, 지역 방송국에서는 9시 뉴스를 진행하면서 〈6시 내고향〉 같은 프로그램의 리포터로 야외 촬영도 해야 하거든요. 뿐만 아니라 라디오 DJ를 맡아 대본을 쓰기도 하고, 지역 음악회 사회나 내레이션도 해요. 다양하게 많은 일을 해 볼 수 있는 것이 장점이지만, 일주일 분량의 방송을 5명이 나눠서 하니까 쉴 시간이 없어요.

　반면, 서울은 프로그램 제작 규모가 커요. 어떤 프로그램을 만든다면 작가에 PD 2명, 여러 명의 카메라맨 등 제작진 수가 훨씬 많고 세트도 콘셉트에 맞게 제작을 하죠. 또 의상이나 코디네이터, 분장사 등 지원도 넉넉해요.

　가장 큰 차이점은 방송의 영향력인 것 같아요. 방송을 시청하는 시청자의 수가 다르잖아요. 지역 방송은 시청자의 수가 적다 보니 피드백이 없어 내가 잘하고 있는지, 시청자들의 반응이 좋은지 아닌지 알기 어렵지만, 서울 방송은 시청자가 많은 만큼 피드백이 많이 와요. 예를 들어, 옷이 어떻다, 귀걸이가 어떻다, 발음이 어떻다 등 홈페이지 게시판이나 전화로 빠르게 피드백이 와요.

업무상 주로 어떤 사람들과 만나게 되나요?

　〈도전! 골든벨〉의 프로그램 특성상 매주 고등학생들과 만나게 되어썼요. 또, 한국어 교육 강의 덕분에 고등학생뿐만 아니라 중학생들까지 많이 만날 수 있어요.

　요즘 청소년들을 이야기할 때 '반항적이다.'거나 '욕을 많이 한다.'는 말들을 많이 하지만, 제가 만나는 학생들을 보면 표현이 다소 거칠더라도 어디까지나 어리고 순수한 학생일 뿐이에요. 아무리 주변에서 나쁜 학생이라고 평가받는 학생이라고 해도 어른들보다 훨씬 순수해요. 다만 표현 방법이 잘못됐을 뿐이라고 생각해요.

작년 한 해 동안 3번 정도 한국어 교육을 했는데, 한 번 교육을 하고 나면 학생들의 표현이 많이 순화되곤 해요. 그럴 땐 이 일에 대한 자부심을 느껴요.

 수입은 어느 정도 인가요?

아나운서가 마치 연예인처럼 돈을 많이 벌 것이라 생각하시는 분들도 계시더라고요. 물론 적은 편은 아닙니다. 일반적으로 알고 계시는 대기업 수준입니다.

Question 각 프로그램을 진행하는 아나운서는 어떻게 결정되나요?

처음에는 여러 가지 프로그램에 투입되다가 어느 프로그램에 잘 맞겠다는 모습이 발견되면 그 분야에 주로 배치가 됩니다.

저는 현재 청소년 교육 분야를 주로 맡고 있어요.

입사 후 처음 진행했던 것이 〈스카우트〉라는 프로그램이었어요. 〈스카우트〉는 고등학생들이 자신의 목표를 세우고, 서로 경연을 하며 꿈을 향해 도전하는 프로그램으로, 최종 우승자에게 '꿈의 기업'에 입사할 기회가 주어지는 청소년 취업 프로그램입니다. 이를 통해 청소년들과 친숙하게 지내다 보니, 그 다음으로 청소년 퀴즈 프로그램인 〈도전! 골든벨〉과 어린이·청소년 동요 프로그램 〈누가누가 잘하나〉를 진행하게 되었어요.

각자 잘 맞는 이미지가 있어요. 그런 이미지 때문에 유사한 프로그램들을 진행하게 되더라고요.

Question 스스로 청소년 프로그램이 잘 맞다고 생각하나요?

상대적으로 학생들을 잘 알기 때문에 도움이 된다고 생각해요. 교육학을 전공했고, 교생 실습을 통해 실제로 학생들을 지도한 경험이 있기 때문에 학생들과 소통하는 것이 보다 편하게 느껴져요. 현장 분위기를 띄우거나 학생들을 집중시켜 더 잘하게 만드는 것들이 프로그램을 진행하는 데에 도움이 돼요.

예전 MBN에서 뉴스를 진행할 때는 내가 방송을 진행한다는 것이 좋긴 했지만 설레지는 않았어요. 휴가 때도 빨리 돌아가서 방송하고 싶다는 생각을 한 적이 거의 없었거든요. 그런데 〈도전! 골든벨〉을 진행하면서는 녹화 전날이 되면 마치 소개팅을 하는 것처럼 내일이 기대되고 설레어요. 녹화를 마치면 다음 학교는 어디일지 궁금하기도 해요. 아마 일을 즐기면서 한다는 게 전해지니까 계속해서 연관된 프로그램을 맡게 되는 것 같아요.

Question 힘든 점은 무엇인가요?

〈도전! 골든벨〉은 녹화 시간이 길어 체력적으로 힘들기도 합니다. 9시에 촬영을 시작해서 점심시간 1시간과 쉬는 시간 30분을 제외하고는 하루 종일 서서 진행을 하거든요. 아무래도 다리도 아프고 체력적으로 힘들어요. 심지어 〈도전! 골든벨〉은 전국 각 학교에서 진행하기 때문에 녹화 전날 학교 주변 여관 등에서 숙박을 하거든요.

또, 퀴즈 프로그램이다 보니 문제를 외워서 명확히 잘 전달해야 합니다. 미리 읽어 보긴 하지만 50문제를 모두 외울 수는 없잖아요. 그래서 외워서 바로 말하고, 다음 문제를 외우는 순간 집중력이 필요해요. 많은 에너지를 쏟아 내고 나면 다음날은 시체처럼 뻗게 돼요. 하하.

아나운서라는 직업의 장점은 무엇인가요?

정말 대단한 분들을 만나 이야기를 들을 수 있다는 거예요. 여기서 '대단하다'는 것은 사회적 지위가 아니라, 인생을 정말 열심히 사시는 분들이에요. 목숨을 걸고 어렵게 탈북한 사람, 한 푼 두 푼을 모아 자수성가하신 할머니 등 열심히 살아온 이야기를 듣다 보면 정말 '아무나 할 수 있는 일이 아니다.'라는 생각이 들 정도예요. 그래서 저는 앞으로 〈아침마당〉과 같은 인터뷰 프로그램을 진행하고 싶어요.

Question **어떤 프로그램을 진행해 보고 싶은가요?**

하고 싶었던 종류의 프로그램들이 예능 등의 프로그램에 밀려 제작이 줄어드는 편이에요. 지금 당장은 아니라도 경험을 쌓은 후에 〈아침마당〉과 같은 프로그램을 진행해 보고 싶어요.

그 외 저는 인터뷰하는 프로그램을 진행하고 싶어요. 다양한 사람을 만날 수 있고, 그분들을 통해 많은 걸 배울 수 있을 것 같아요. 또, 누군가의 삶을 바꿀 수 있는 공익 프로그램에 참여해 여러 사람들에게 좋은 영향을 끼치고 싶어요.

Question **아나운서에 대한 일반적인 오해가 있다면 무엇인가요?**

아나운서가 되면 매니저가 있어 스케줄을 관리하거나 방송 계획을 잡아 줄 거라고 생각하시는 분들이 계세요. 예를 들어, 유명한 아나운서는 인기가 있는 예능 프로그램에만 출연할 거라고 생각하죠.

하지만 실제로 저희는 한 가지 일만이 아닌 여러 가지 일을 해야 합니다. 인기가 많거나 스케줄이 많다고 해서 원하는 프로그램만을 할 수 있는 것도 아니고, 모두가 하는 일을 혼자만 하지 않는 것도 아닙니다. 모든 아나운서가 똑같이 숙직을 하거나 행정적인 업무도 해야 하고, 회사에서 정해진 스케줄에 따라 새벽 뉴스도 진행해야 합니다.

 Question ## 가장 힘든 프로그램은 무엇인가요?

아무래도 새벽에 하는 프로그램은 힘이 들죠. 새벽 5시 뉴스를 진행한다면 회사에 3시 30분까지 출근해야 합니다. 특히 MBN은 뉴스를 24시간 생방송으로 진행하거든요. 4개월 정도 심야 근무를 했었는데, 밤 10시에 출근해서 새벽 4시까지 매 시간 정각에 뉴스를 진행하고 퇴근합니다. 녹화 방송이라고 생각하는 사람들도 있지만 뉴스는 모두 생방송입니다. 밤에 일을 하니 피부도 상하고 체력적으로 정말 힘들더라고요.

Question ## 방송을 할 때 가장 신경 쓰는 부분은 무엇인가요?

아나운서에게는 가장 기본적인 것인데, 잘 읽어야 하는 것 때문에 스트레스를 받을 때가 있어요. 〈도전! 골든벨〉에서 저의 역할은 문제를 읽는 것이었거든요. 현장에서 학생들이 문제가 잘 안들린다고 할 때 속상해요.

또, 하나는 문제를 읽으면서 저만의 색깔을 드러내는 게 어렵더라고요. 그 프로그램에 맞는 대체 불가능한 사람이 되고 싶거든요. 문제를 읽을 때 저의 친근하고 편안한 모습을 담아내는 게 참 어려워요. 인터뷰를 하는 거라면 저만의 개성을 드러내기 쉬울텐데 말이죠.

아나운서를 꿈꾸는 학생들이
어떻게 준비하면 좋을지 조언 부탁드려요.

제가 학생들을 직접 만나면서 알게 됐는데요. 청소년들이 말을 전달할 때 문장으로 이야기를 못한다는 거예요. 단답식으로 답하거나 장황하게 말해 놓고 매듭을 못지어요. "몰라요." "글쎄요." 등으로 얼버무리고 이야기가 길어지면 마무리를 잘 못하더라고요.

혼자 무언가에 대해 스스로 생각하는 시간이 없어서 그런 것일까요? 어떤 친구와 대화를 나누다 꿈을 물어보았는데 그 친구는 환경연구가가 되고 싶다고 했어요. 어떻게 그런 꿈을 꾸게 됐는지 물어봐도 말을 못해요.

아나운서는 생각한 것을 잘 표현하여 전달하는 것이 정말 중요하거든요. 그렇게 하기 위해서는 자신의 생각을 정확히 표현할 수 있도록 연습해야 해요. 학생 때부터 꾸준히 연습했으면 좋겠어요.

그리고 요즘 학생들이 욕을 많이 하고, 자기들만의 표현들을 쓰더라고요. 아나운서는 바른말, 표준어를 써야 하니까 평소에 바른 말을 하는 습관도 중요해요.

하지만 발음, 발성, 대본 연습 등은 나중에 할 수 있는 것이고, 학생 때 가장 중요한 건 많은 경험을 해 보는 거예요. 학생 때 경험을 많이 해 보라는 게 현실적으로 어렵죠. 그러니 책이나 미디어 등을 통해 간접 경험을 많이 해 보라고 조언하고 싶어요. 가장 추천하는 방법은 책을 꾸준히 읽으면서 표현력을 기르는 거예요.

발표하기를 좋아했던 한 소녀가 아나운서란 타이틀로 마이크 앞에 서기까지 그 과정은 꿈꾸는 시간들의 연속이었다. 초등학교 5학년 때 처음 아나운서가 되기로 마음먹은 후 라디오에서 나오는 목소리에 귀 기울이며 상상의 나래를 펼치고, 방송 반 아나운서로 학우들의 소소한 이야기들을 전하는 메신저의 역할을 하였다.

2009년 극동방송에 입사해 106.9 MHz의 주파수를 타고 전국의 청취자들을 만나게 되었다.

극동방송은 아나운서가 피디와 작가의 역할까지 담당해 프로그램을 제작하는 1인 제작 시스템으로 운영되고 있다. 그만큼 해야 할 일이 많아 고되기도 하지만, 기획한 프로그램을 제작해 청취자들에게 전달할 수 있어 보람도 더 크다고 말한다.

스튜디오를 종횡무진 누비며 방송을 준비하는 동적인 시간과 마이크 앞에서 차분하게 이야기를 펼쳐나가는 정적인 시간이 양현민 아나운서의 삶을 더 풍요롭게 만들어 주고 있다.

〈즐거운 오후 해피플러스〉라는 프로그램을 시작으로 〈참 좋은 내 친구〉, 〈클릭비전〉, 〈상큼한 오후〉 등의 프로그램을 제작, 진행하였다.

- -

febc(극동방송)

양현민 아나운서

● 현) 극동방송 아나운서
● 2009년 극동방송 아나운서로 입사
● 이화여자대학교 국어국문학과 졸업

아나운서의 스케줄

febc
양현민
아나운서의
하루

19:00 ~ 21:00
▸ 저녁식사 및 가족과 시간 보내기

07:40 ~ 08:30
▸ 극동방송 직원 채플 참석

16:00 ~ 17:00
▸ 방송 출연자 회의
17:00 ~ 18:00
▸ 선물 발송 작업 등
방송 기타 업무

08:30 ~ 09:00
▸ 하루 일정,
해야 할 일 리스트업
09:00 ~ 10:00
▸ 오프닝 멘트 작성

14:00 ~ 15:00
▸ 제작 프로그램 녹음
15:00 ~ 16:00
▸ 편집 및 송출 준비 작업

10:00 ~ 12:00
▸ 방송 출연자 섭외 작업
12:00 ~ 14:00
▸ 생방송 진행

• 2015년 기준

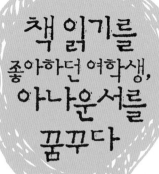

책 읽기를
좋아하던 여학생,
아나운서를
꿈꾸다

▶ 프로필 사진 찍으며 한 컷

▶ 일본 유학 시절

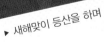

▶ 새해맞이 등산을 하며

언제부터 아나운서의 꿈을 꾸었나요?

어릴 때부터 친구들 앞에서 무언가를 발표하거나 대표로 책 읽는 것을 좋아했어요. 그래서 막연하게 커서 무슨 직업을 가질지 모르겠지만 글을 읽을 수 있는 직업이면 좋겠다고 생각했어요. 초등학교 5학년 때, TV 뉴스에 나오는 황현정 아나운서를 보며 저런 직업이면 글을 읽고 사람들에게 전달할 수 있겠다고 생각했어요. 그 이후부터는 생활 기록부의 장래 희망란에 늘 '아나운서'를 적어 왔어요.

그 후로 TV에 나오는 아나운서들을 유심히 살펴보니, 제가 보는 아나운서들은 모두 차분하고 얌전한 사람들이었어요. 저는 발랄하고 장난기 많아 '나 같은 성격은 아나운서가 될 수 없는 걸까?'라는 고민에 빠지기도 했어요.

하지만 이제는 시대가 많이 바뀌어서 아나운서들에게 여러 가지 면을 요구하고 있어요. 저에게는 성장하며 사회화된 차분한 모습도 있지만, 발랄한 성격을 그대로 드러내어 보여드리고 있어요.

어린 시절 어떤 학생이었나요?

어릴 때부터 저는 발표하는 게 좋았어요. 또, 늘 책을 많이 읽었어요. 친구 집에 놀러가도 그 집에 있는 책을 보는 아이였어요. 중고등학교 때는 입시 준비로 책을 많이 읽지 못했지만, 초등학교 때는 정말 많이 읽었어요. 초등학교 때 책에서 본 것들이 현재 아나운서로 생활하면서도 많은 도움이 돼요.

학창 시절 어떤 활동을 하셨나요?

고등학교 때는 방송 반에서 아나운서로 활동했어요. 매일 친구들이 보내는 사연을 읽고, 신청곡을 틀어 주는 점심 방송을 했어요. 급식을 떠 놓고 노래가 나가는 중간 중간에 한 숟갈씩 먹으며 방송을 했어요. 하하. 지금 아나운서가 되어 방송할 때는 절대 상상도 못할 일이지만요.

또, 제가 다닌 고등학교는 중국과 일본의 학교와 자매결연을 맺어 중국, 일본 학생들과 교류하는 행사가 많았어요. 방송반 아나운서가 행사의 MC를 맡곤 했는데, 제가 MC를 맡았다가 행사를 망쳤던 게 기억에 남아요. 중국, 일본 친구들이 저희 학교에 와서 강당에 전교생이 모두 모여 서로 준비한 공연을 하는 행사였어요. MC였던 저와 엔지니어 사이에 사인이
맞지 않아 막이 올라가면 안 되는 타이밍에서 막이 올라간 거예요. 저는 너무 당황해서 어떤 멘트도 하지 못하고 엔지니어를 향해 손짓만 하기 바빴어요. 그 일이 너무 속상해서 그 이후로는 방송 진행 전에 많은 시뮬레이션을 해 봤어요. 그 날의 기억은 여전히 속상한 기억으로 남아 있어요. 하지만 그러한 경험이 다음에 좀 더 잘할 수 있게 하는 계기가 됐어요.

방송 반 활동으로 주변 고등학교의 방송 반끼리 모여 방송제를 하기도 했어요. 각 방송반마다 뮤직 비디오나 드라마 등을 만들어 함께 보고 평가하는 행사였어요. 다른 학교 친구들이 만든 영상들을 보며 작품에 대한 안목도 생기고, 각자들의 생각과 의견을 나눌 수 있어 좋았어요. 학창 시절에는 공부도 중요하지만 이렇게 제가 좋아하는 활동을 했던 것이 기억에 남네요.

Question 성적은 어느 정도였나요?

공부는 열심히 했어요. 과목 중에서 수학과 체육을 싫어했고, 언어와 역사를 좋아했어요. 그래서 자연스럽게 대학 전공으로 국어국문학과 역사학을 생각하기도 했어요.

학창 시절에 공부를 잘하는 것이 아나운서가 되기 위한 중요한 조건이라고는 생각하지 않아요. 하지만 공부를 열심히 해 놓는다면, 어떤 직업을 고려하든지 선택의 폭이 넓어질 수는 있다고 생각해요. 왜냐하면 누구나 중간에 꿈이 바뀔 수도 있거든요. 현재 주어진 일인 공부를 열심히 해 놓는다면, 직업 선택에서 더 많은 기회를 얻을 수도 있어요.

Question 전공은 어떻게 선택하였나요?

무엇을 전공해야 할지 많이 고민했어요. 일반적으로 아나운서가 되기 위해서는 신문방송학과에 가야 한다고 생각하는 경우가 많아요. 저 역시 신문방송학과에 진학해야 할 것 같은 생각이 들어, 신문방송학과에서는 어떤 것들을 배우는지 알아보기 위해 대학 홈페이지에 들어가 봤어요. 신문방송학과가 있는 몇몇 대학들을 조사해 봤더니, 제가 생각한 것과는 많이 달랐어요. 신문방송학과에서는 주로 방송 기술이나 기사 쓰기 등의 저널리즘에 대해 배우는데, 제가 생각한 아나운서에게 필요한 소양과는 거리가 있다고 생각했어요. 또 당시 아나운서들의 프로필을 찾아보니, 전공이 다양하더라고요.

당시에 제가 생각한 아나운서는 여러 사람들을 만나고 그들과 다양한 이야기를 나누는 사람이라고 생각했어요. 그러려면 내가 생각하는 것을 올바르게 언어로 표현할 수 있어야 한다고 생각해서 국어국문학과가 좋겠다고 생각했어요. 사실 국문학은 순수 학문이라 제가 일반 기업에 들어갔다면 실용 학문이 더 유용했을지도 모르지만, 아나운서로 생활하는 데는 많은 도움이 됐어요. 사람들을 만나며 그들의 이야기를 끌어내고, 그 이야기에 저의 생각을 보태는 데는 인문학이 도움이 되더라고요.

Question 아나운서가 되는 데 어떤 전공이 도움이 되나요?

실제 한국아나운서협회에 등록된 아나운서들을 봐도 우주 항공, 경제, 사회 복지, 신문 방송 등 정말 전공이 다양합니다. 이처럼 어떤 전공이든 크게 상관없이 자신이 배우고 싶은 것을 배우면 된다고 생각해요. 요즘은 복수 전공도 많이 하기 때문에 직업에 대해 더 직접적으로 연관된 공부를 하고 싶다면 복수 전공이나 부전공을 하는 방법도 있어요.

대학 시절은 어땠나요?

영어 이외에 외국어를 하나 더 공부하고 싶은데, 일본어가 재미있을 것 같아서 1년 동안 일본에 교환 학생으로 다녀왔어요. 일본 가기 전에 일본어 공부도 많이 하고, 일본에 가서는 한국 친구들과 교류하기 보다는 일본 친구들과 많이 대화하려고 노력하다 보니 일본어 실력이 빨리 늘 수 있었어요.

일본에서의 1년 동안 한국에서보다 더 많은 동아리 활동을 했어요. 관심이 많았던 연극부, 다도부 등의 동아리 활동을 하며 친구들도 사귈 수 있었어요.

일본에서 다양한 아르바이트도 해 봤어요. 중소기업 무역 박람회 등에서 통역도 하고, 레스토랑에서 서빙도 해 봤어요.

저는 대학 시절에 치열하게 공부만 하기보다는 제가 좋아하는 책 읽기와 글쓰기를 하며 자유롭게 보냈어요. 일부러 그랬던 것은 아니지만 돌이켜 보면 그때의 경험들이 현재 라디오 프로그램의 오프닝 멘트를 쓰거나 출연자들의 이야기를 듣고 정리하는 데 직접적인 도움이 된다고 생각해요.

 **대학 시절, 아나운서가 되는 데 도움되는 어떠한 활동을 하였나요?**

대학교 2학년부터 방송 아카데미의 아나운서반에 다녔어요. 일찍부터 아카데미에 다니면 장단점이 있어요. 일찍부터 아나운서란 어떤 직업인지 알고, 앞으로의 시간을 어떻게 보낼 것인지 계획을 세우는 데 도움이 돼요. 반면, 급하게 마음먹지 않아 쉬엄쉬엄하게 된다는 점에서 시간과 비용이 아깝기도 해요.

일본에 교환 학생으로 가기 전 5개월 동안 휴학을 했어요. 그 기간 동안 아카데미를 다니며 아나운서를 준비하는 사람들과 함께 공부하며 보냈어요.

아나운서가 되는 데 가장 중요한 것은 경험인 것 같아요. 모든 경험이 자산이 되거든요. 사회생활을 시작한 후에는 여행을 많이 가거나, 어떤 프로젝트에 도전하는 등의 새로운 경

아나운서가 되기까지

▶ 신입 아나운서 시절

▶ 신입 아나운서 시절 동기들과 함께

▶ 스튜디오 녹음하며 한 컷

험을 해 보는 것이 어렵잖아요. 그렇기 때문에 대학 시절에 토익과 같이 회사에 입사할 때 필요한 기본적인 것 이외의 다양한 경험들을 많이 하면, 그만큼 자신의 자산이 쌓이는 것이라 생각해요. 특히, 아나운서에게는 세상을 넓게 이해할 수 있고, 세상에 대해 할 수 있는 이야깃거리가 많다면 큰 도움이 될 거예요.

Question 방송 아카데미에서는 어떤 것을 배우나요?

방송사 입사 시험을 준비할 때 도움이 되는 다양한 커리큘럼으로 수업이 진행됩니다. 뉴스 대본 읽기는 물론이고 MC, 스포츠 캐스터, 인터뷰, 이미지 메이킹에 이르기까지 입사 시험 과정 전반을 준비할 수 있도록 도와줍니다.

Question 대학 졸업 후 바로 입사한건가요?

대학교 4학년 마지막 학기인 2009년에 입사해서 올해로 6년차입니다. 2009년에는 많은 방송사들이 아나운서를 채용하지 않고, 극동방송과 KBS에서만 채용했어요. 그래도 저는 나이가 어린 편에 속해 약간의 여유가 있었지만 저보다 나이 많은 분들은 크게 좌절했어요.

일반적으로 아나운서에 지원하는데 나이 한 살 더 먹었다는 것이 매우 불리한 요소라고 생각하기 때문이에요. 감사히도 저는 극동방송에 지원해서 2009년 9월에 합격할 수 있었어요.

Question 아나운서가 되는 준비 과정은 어땠나요?

아카데미 과정을 수료한 후 같은 꿈을 가진 친구들과 모여 공부했던 때가 기억에 많이 남아요. 같이 공부할 주제를 정하고, 실제로 시험을 보듯 또는 방송을 하듯 실습을 했는데,

같이 준비하는 친구들의 지적이 많은 도움이 돼요. 다들 부족한 면이 있지만 공부하면서 얻게 된 보는 눈, 듣는 귀가 있거든요. 하하.

한국어능력시험이나 토익은 물론이고, 시사, 상식, 논술, 토론도 함께 준비해요. 캠코더나 휴대 전화 등 녹화 가능한 기기를 이용해 본인의 모습들을 찍고, 보면서 고쳐나가는 게 좋습니다.

Question 방송국의 입사 시험은 어떤 형태로 진행되나요?

극동방송의 채용 시험은 5단계로 진행됩니다. 1단계 서류 심사와 필기시험, 2단계 1차 면접, 3단계 카메라 테스트, 4단계 영어 면접, 5단계 최종 면접의 순이었어요.

시험을 치면서 '극동방송에 꼭 입사하고 싶다.'라고 생각하게 된 순간이 있었는데요. 시험장에 갈 때마다 수험자들을 위해 감독관이 기도를 해 주시는 거예요. 생각해 보면 지금 모시고 있는 편성국장님께서 1차 면접장에서 기도를 해 주셨는데, 그때 정말 마음이 벅차오르면서 '이곳에서 일하고 싶다.'라는 생각이 들었어요.

Question 첫 업무는 무엇이었나요?

처음 맡았던 프로그램은 〈즐거운 오후 해피 플러스〉라는 퀴즈 쇼였어요. 성경이나 생활 상식 등의 퀴즈를 내고 문자나 전화 통화로 답하는 퀴즈 대결 프로그램이에요. 첫 프로그램인데다가 신설 프로그램이라 요일별 코너를 모두 새로 짜고 새로운 게스트들과 호흡을 맞춰야 했는데요. 힘들기도 했지만 매일 매일이 즐거웠던 기억이 납니다. 첫 방송 때를 특히 잊을 수 없는데, 퀴즈 프로그램이니까 청취자들께 힌트를 드리잖아요. 근데 제가 힌트

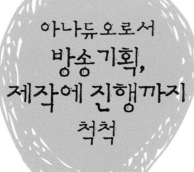

아나듀오로서
방송기획,
제작에 진행까지
척척

▶ 찰칵! 프로필 사진

▶ 청소년 라디오 공개 방송

▶ 신년 음악회 진행(유인촌 전 장관과 함께)

를 드린다는 게 얼떨결에 답을 말해버린 거예요. 첫 방송인 걸 아셨던 청취자들이 더 재미있다며 귀엽게 봐주셔서 다행히 즐거운 추억으로 남아 있죠. 만약 지금 그랬다면 식은땀이 흘렀을 것 같은 그런 순간이었죠. 하하.

Question 극동방송은 어떤 특수성이 있나요?

극동방송은 방송을 만드는 기획 의도나 취지가 여타 방송사들과는 조금 다릅니다. 일반적인 방송사들은 여러 가지 시사를 다루고 세상 소식이나 정보를 전달한다면, 극동방송은 예수님의 복음을 전하는 것이 기본적인 목적입니다. 프로그램을 기획할 때, '복음을 어떤 형태와 형식으로 전달할 것인가?'라는 고민에서 시작합니다. 그렇기 때문에 입사 시험에서 성경 시험을 봅니다.

크리스찬 중에서 방송을 통해 하나님의 말씀을 전하고 싶은 친구들이라면 큰 보람을 느낄 거예요. 일에서 어렵고 힘든 점이 있더라도 상쇄할 수 있을 만큼 의미가 있다고 생각해요. '내가 무엇을 하고 싶은지, 무엇에서 보람을 얻는지'에 대한 고민에서 출발하면 될 것 같아요.

사실 저는 복음을 방송으로 전하고 싶다는 사명을 가지고 시작한 것은 아니었지만, 오히려 일을 하다 보니 그러한 사명이 더욱 깊어지고 감사하게 되었어요.

또, 극동방송은 '아나운서'라고 하지 않고, '아나뉴오'라는 명칭을 사용합니다. 아나운서와 프로듀서의 겸직으로, 아나운서가 기획부터 제작, 진행까지 맡아 합니다. 때문에 한 가지 일에 좀 더 집중해서 효율성을 끌어내기가 어렵기도 해요. 반면, 내 생각을 구현해서 전달할 수 있다는 장점이 있어요.

극동방송은 현재 영상 방송 개국을 앞두고 있어요. 영상 방송이 개국하면, 아마 저는 아나운서의 역할만 하게 될 거 같아요. 영상 방송은 1인 제작이 불가능하기 때문이죠. CP와 PD, 작가, 조명 감독 등이 모두 따로 생기겠죠.

프로그램의 기획에서부터 제작하고 방송으로 송출되기까지 모든 과정을 맡습니다. 개편 전부터 어떤 프로그램을 만들지 기획을 해요. 어떤 프로그램을 통해서 무엇을 전할지, 어떻게 표현할지를 고민하는 것이죠. 구체적으로 코너나 콘텐츠는 어떻게 정할지, 누구와 함께 진행할지, 게스트는 누구로 할지 등을 고민합니다. 프로그램의 제목은 무엇인지, 코너의 제목은 무엇인지 등의 윤곽이 결정되면 진행자와 게스트에게 제안하고 섭외하는 일들도 직접 합니다.

프로그램을 진행할 때는 음악과 시그널을 고르고, 콘텐츠에 어떤 것을 담을지 전문가와 의논하기도 합니다. 청취자들에게 피드백이 오면 정리해서 그 다음 프로그램에 반영하기도 하고요.

여타 영상 방송들은 여러 명의 PD가 함께 하나의 프로그램을 만들기도 하지만, 극동방송은 라디오 방송이기 때문에, 한 프로그램을 만드는 데 메인으로 혼자 프로그램을 맡습니다. 프로그램을 만드는 과정에서 심도 있는 자료 조사가 필요하다면 프리랜서 작가와 함께 작업하기도 합니다.

Question 아나듀오의 역할을 하면서 느낀 점이 있나요?

제작부터 대본 작성, 진행까지 모든 과정을 진행하다 보면 고된 시간들도 있지만 정말 많이 배워요. 프로그램을 제작자의 시각으로 볼 수도 있고, 진행자의 시각으로도 볼 수 있어요. 다양한 역할을 감당하면서 각 분야의 매력을 느낄 수 있다는 게 좋은 점인 것 같아요.

제가 제작한 프로그램을 제가 편집하기도 하는데, 멋쩍기도 하고, 우습기도 하고 한편으로는 '다행이다.'는 생각이 든 적도 많죠. 하하.

어떤 이슈를 찾아내고 그것을 잘 살려서 청취자들에게 전달할 수 있을 때 방송의 참맛을 느껴요. 모든 소재가 그저 나 혼자만의 일상 가운데 있었을 때는 큰 의미가 없지만, 좋은 것들을 공유하고 싶은 마음에 프로그램화하여 방송하고, 그것을 청취자들이 좋아할 때 보람을 느끼죠. 특히나 복음을 전하는 방송이다 보니 더욱 그런 것 같아요.

Question 많이 바쁘지 않은가요?

누구나 닥치면 다 하게 되더라고요. 하하. 극동방송은 한 사람이 해야 할 일이 많기 때문에 스스로 목적의식이나 전하고자 하는 목표가 분명하지 않으면 어려운 점이 많을 거예요.

Question 하루 일과는 어떤가요?

극동방송은 기독교 방송사이기 때문에 아침에 모두 함께 모여 채플을 합니다. 방송은 할 일을 하나라도 놓친다면 사고로 이어지기 때문에 저는 할 일들을 메모하고 하나씩 체크해 나갑니다. 오랫동안 청소년 청취자를 대상으로 하는 〈클릭비전〉을 진행하다가 최근 개편으로 낮 프로그램을 진행하고 있어요. 프로그램을 준비하기 위해 출연자들이 어떤 분들인지 확인하고, 방송 오프닝 멘트를 작성합니다. 낮방송을

한 뒤, 오후에는 다른 프로그램의 기획이나 제작 회의에 참석합니다.

일반적으로 다른 방송사들은 방송 스케줄에 따라 일찍 출근하고 일찍 퇴근하는 등 유동적인데, 극동방송은 예배를 중요시하기 때문에 특별한 일이 없으면 7시 반에 출근을 하여 5시에 퇴근하는 것으로 정해져 있습니다.

라디오를 진행하다 보면 문자를 보내는 등 프로그램에 적극적으로 참여하는 청취자들이 있는 반면, 늘 조용히 듣기만 하는 청취자들이 있어요. 라디오는 어떤 분들이 듣고 있는지 모른 채, 불특정 다수를 대상으로 방송을 하니 적극적으로 참여하시는 분들만 알게 되죠.

얼마 전 〈클릭비전〉을 4년 동안 진행하다가 그만뒀는데, 그 동안 한 번도 사연을 보내지 않았던 분들이 전국에서 사연을 주시는 거예요. "늘 조용히 듣고 있었는데, 그만두신다고 하니 아쉽습니다. 그동안 감사했습니다."라는 등의 문자를 받았는데 정말 감동적이었어요. '참여하지 않아 몰랐을 뿐, 조용히 제 방송을 들으며 위로받던 분들이 계셨구나.'라는 생각이 들며, 4년간 일한 것에 대한 보람을 한꺼번에 느낄 수 있었어요. 방송의 특성상 청취자가 보이지 않고, 피드백이 느리더라도 항상 성심을 다해 만들어야 한다는 생각을 다시 한 번 하게 되었어요.

〈클릭비전〉을 그만두겠다고 결정했을 때 많이 울었어요. 마치 학교를 졸업하는 기분이었어요. 오래 진행해서 장수 프로그램이 되는 것도 좋지만, 하나의 프로그램을 오래 하다 보면 매너리즘에 빠질 수 있거든요. 이러한 점에서 프로그램을 마치고 또 다른 프로그램을 시작한다는 것은 한 걸음 도약하는 전환점이 될 수 있어요. 그래서 마치 학교를 졸업하고 상급 학교로 입학하는 기분이 들죠.

Question 성취감이나 보람을 느낄 때는 언제인가요?

아나운서는 시청자나 청취자들이 방송을 통해 힘을 얻었다거나 위로를 받았다는 피드백을 받으면 보람을 느껴요. 그래서 행복한 직업이죠.

Question 힘든 점은 무엇인가요?

오랫동안 준비한 프로젝트를 한 번에 짜잔~하며 보여 준다면 성취감과 보람이 더 클 것 같아요. 그런데 아나운서는 매일매일 방송을 하다 보니, 물론 매일 최선을 다해야 하지만 그렇지 못한 날도 있거든요. 매일 잘하고 싶지만 그러지 못한 상황이나 컨디션 등으로 잘하지 못한 때에는 자괴감에 빠지기도 해요.

또, 늘 시간에 쫓기기도 해요. 매일 정해진 시간 안에 준비하고 완성해야 하기 때문에 제 삶이 빠듯하게 짜인 시간표에 맞춰 흘러가 버린다는 느낌이 들 때도 있어요.

그래서 휴가를 가기도 하고, 음악을 위주로 방송하는 Summer Special 시즌에 재충전을 하기도 합니다.

Question 진행하던 프로그램이 바뀌는 이유는 무엇인가요?

봄, 가을마다 프로그램 개편이 있습니다. 개편 때 프로그램의 콘셉트를 조정하기도 하고 아예 새로 만들거나 폐지하기도 해요. 그동안은 소폭 개편을 했기 때문에 오랫동안 한 프로그램을 진행했는데, 이번에는 대대적으로 전면 개편을 했어요.

Question 아나운서가 된 후 기대했던 것과
달랐던 점이 있나요?

처음 아나운서가 되고 나서 제 성격이 아나운서라는 직업과 잘 맞지 않다는 생각이 들더라고요. 생각보다 긴장을 많이 해서 힘들고요. '나는 사람들 앞에 서서 이야기하는 것보다는 혼자 책 읽고 사색하는 것을 더 좋아하는데, 왜 아나운서를 하겠다고 했을까?'라며 고민을 했어요. 하하. 5년이 지난 지금은 많이 나아져 긴장하지 않게 되고, 이 직업을 할 수 있어 행복하다는 생각이 들어요.

Question 아나운서라는 직업의 장단점은 무엇인가요?

장점은 세상의 다양한 것들을 경험하고 소통할 수 있는 행복한 직업이라는 겁니다.

단점은 방송으로 드러나는 직업이다 보니 개인 생활에 제한받는 부분이 있어요. 무언가에 얽매이는 것이 힘든, 자유로운 영혼을 가진 사람이라면 스트레스를 받을 수도 있을 거예요.

Question 아나운서에게 필요한 역량이나 자질은 무엇인가요?

무언가를 바라볼 때 긍정적인 시선이 필요한 것 같아요. 물론, 사회 이슈를 기사화하는 기자나 시사를 다루는 아나운서라면 비판적인 시각이 필요하겠지요. 그런데 극동방송에서 만드는 프로그램은 무언가를 비판하기보다는 가치 있는 것을 전하고자 하기 때문에, 세상을 따뜻하게 바라보고 설득력 있게 전달하는 것이 중요합니다.

그리고 어렵고 힘든 일들을 잘 견딜 수 있는 맷집도 필요합니다.

또, 아나운서는 공중에다 말하고 전파를 통해 전달하기 때문에 자신의 생각을 잘 정리해서 바르게 전달할 수 있어야 해요. 많은 사색을 하고 시간을 들여서 글을 쓰는 작가와는 달리, 방송 상황에 따라 순발력 있게 말할 수 있어야 합니다.

Question 자기 계발을 위해 어떤 노력을 하나요?

체력이 중요합니다. 영상 촬영을 하면 많은 체력이 소모됩니다. 또, 방송 시간 내내 집중해서 사람들의 이야기를 경청하고 대화를 이어나가는 데 집중력이 필요해요. 그래서 평소 운동을 통해 체력을 유지하는데, 주로 발레를 하면서 잔 근육을 키우고 집중력을 기르고 있어요.

Question 방송을 하며 가장 신경 쓰는 부분은 무엇인가요?

저는 안정적인 틀에 맞춰 방송하는 편이라 자연스러움이 부족한 거 같아요. 그래서 방송을 물 흐르듯 편안하게 진행하는 아나운서가 되고 싶어요. 예를 들어, 방송에서 다양한 사람들의 삶을 조명하는 경우가 많은데, 이럴 때 청취자들이 몰입할 수 있게끔 어떠한 환경, 사람, 사물에 대해 가장 자연스러운 모습을 보여 드리고 싶어요.

또, 아나운서는 라디오의 주인공이라기보다 여러 사람들의 이야기를 끌어내서 청취자에게 전달하는 연결 고리라고 생각해요. 많은 분들이 좋은 이야기를 듣고, 공감하고 힘을 얻을 수 있도록 돕는 역할이죠. 낮에는 일상에 활력을 주고, 밤에는 지친 마음을 위로하는 목소리가 될 수 있도록 신경 씁니다.

Question 롤 모델이나 멘토는 누구인가요?

시사적인 부분을 국민의 입장에서 이야기하는 JTBC의 손석희 앵커를 좋아해요. 또, 친근하고 따뜻한 방송을 한다는 점에서는 이지애 전 아나운서를 좋아해요.

Question 앞으로 어떤 프로그램을 하고 싶은가요?

아나운서를 꿈꿀 때 제가 하고 싶었던 분야는 뉴스였어요. 현재 극동방송에서는 뉴스가 주가 아니지만, 앞으로 기회가 된다면 뉴스를 진행해 보고 싶어요. 어떠한 사안에 대해 기독교적인 시각에서 시사하는 바를 알려주고, 국민들의 입장에서 궁금해 하는 것들을 찾아 가려운 곳을 긁어 주는 역할을 해 보고 싶어요.

Question 앞으로의 목표나 계획은 무엇인가요?

방송에 제 모습을 자연스럽게 드러내고, 사람들의 생각을 끌어내는 진행자가 되고 싶어요. 그러려면 평소에 진솔한 제 모습을 잘 가꿔야겠다는 자기반성을 많이 합니다. 아무래도 자신의 본 모습이 드러날 수밖에 없더라고요.

일상에서 바쁘게 지내다 보면 스스로 생각하는 시간을 갖지 못하기 쉬운데, 나 자신과 내가 맡고 있는 일, 그리고 내가 이루고 싶은 꿈에 대해 자꾸 생각하는 시간을 갖는 것이 그 목표를 이루는 데에 첫 걸음이라는 생각이 듭니다.

Question 아나운서 이외의 꿈은 없었나요?

저는 하나의 목표를 정하면 그에 대해 꾸준히 알아보고 준비하는 편이에요. 그래서 아나운서로 진로를 정한 이후에는 여기저기 아나운서들이 특강을 하는 곳마다 찾아다녔어요.

중간에 잠시 '수의사'라는 직업에 관심을 가졌던 적은 있어요. 강아지도 3마리나 키울 정도로 동물을 사랑하거든요. 그런데 수학을 싫어해서 구체적으로 꿈꾸지는 않았어요. 하하.

Question 진로 선택에 도움을 주신 분은 누구인가요?

부모님께서 강압적으로 공부하라고 하거나 특정 직업을 강요하시지는 않았어요. 늘 제가 하는 일을 응원해 주시고, 뭔가 필요하다고 말씀드리면 그에 대해 지원해 주셨어요. 그래서 제가 한계를 두지 않고 자유롭게 생각할 수 있었던 것 같아요. 고등학교 3학년에도 공부 외에 방송 반 활동도 하며 스트레스 받지 않고 지냈어요.

학생들이 부모님이 시키는 대로만 할 것이 아니라, 부모님께서 걱정하지 않도록 만들어 드리면 믿어 주실 거라 생각해요. 부모님께서도 자녀가 스스로 잘할 것이라는 확신이 없기 때문에 많은 간섭을 할 거라 생각해요.

이후 사회에 나가면 회사에서도 마찬가지예요. 알아서 잘하는 모습을 보이고, 상사가 묻기 전에 중간보고를 잘 해서 걱정하지 않도록 하면, 닦달하거나 압박을 주지 않을 거예요. 부모님과 자녀 간에도 비슷할 수 있다고 생각해요. 어떻게 공부하고 있고, 부모님께서는 어떤 도움을 주셨으면 좋겠는지 먼저 제안한다면 믿어 주실 거예요. 예를 들면, 공부를 몇 시까지 열심히 하고, 남는 시간에는 휴식하겠다거나, 주말에는 친구들과 노는 시간을 보내겠다는 이야기도 할 수가 있겠죠. 다른 취미 활동을 하고 싶은 것이 있다면, 그 활동이 필요한 이유가 무엇인지 말씀드릴 수도 있을 거예요. 부모님의 시도아래 수동적인 공부를 하는 것이 아니라, 내가 원하는 것을 알고, 이를 펼칠 수 있는 환경을 만드는 것이 좋을 것 같아요.

Question 아나운서를 꿈꾸는 학생들에게 하고 싶은 말씀이 있나요?

아나운서를 꿈꾸는 이유에 대해 생각했으면 좋겠어요. 아나운서라는 타이틀이나 화면으로 보여지는 화려함을 기대하고 선택하는 친구들이 많거든요. 예쁜 옷을 입고 우아하게 일할 것이라 기대하죠. 하지만 막상 아나운서가 되고 나면 현실적으로 해야 하는 여러 가지 힘든 일들을 만나게 됩니다. 때문에 자신이 어떤 사람인지, 사람들을 만나고 이야기하는 것에 흥미가 있는지, 많은 사람들 앞에서 자신의 생각을 이야기하는 것에 소질이 있는지 등을 짚어 보는 과정들이 꼭 필요해요.

초등학생 시절에는 정말 정신없이 놀았다. 축구를 좋아했고, 남들 앞에서 이야기하는 걸 즐겼으며 5년 동안 반장을, 나머지 1년은 회장으로서 리더십을 키웠다. 장래 희망을 적는 란에 '축구선수'나 '다큐멘터리 PD'라고 적기도 했고, 힘없는 사람들을 위해 일하겠다며 '변호사'를 적어 넣기도 했다. 중학교에 들어가면서는 음악에 빠져 밴드에서 드럼을 치기 시작했는데, 그때부터 고등학교 2학년이 될 때까지는 '드러머'가 되고 싶었으나 '드림시어터'의 음악을 듣고 난 후 드러머가 되는 것을 깨끗하게 포기했다.

그 후로 20대 중반에 이르기까지 '내 꿈'을 찾기 위해 나름 애를 썼고, 아주 우연한 계기로 '아나운서'에 도전하게 되었다. 그리고 대학교 4학년이던 2011년 겨울, 아주 '운 좋게도' 아나운서가 돼 지금까지 재미있게 방송 활동을 하고 있다.

현재 여수 MBC 아나운서로서 〈K리그 클래식〉의 캐스터, 라디오 〈정오의 희망곡, 박성언입니다〉의 DJ, 〈뉴스데스크〉 앵커 등으로 활동하고 있다.

여수 MBC (문화방송)
박성언 아나운서

● 현) 여수 MBC 아나운서국
● 2011년 여수 MBC 아나운서로 입사
● 경희대학교 정치외교학과/ 신문방송학과 졸업

아나운서의 스케줄

여수 MBC
박성언
아나운서의
하루

20:00 ~ 21:00
▶ TV 〈뉴스데스크〉 진행
21:30 ~ 22:30 운동
22:30 ~ 23:00
▶ 독서 & 취침

07:00 ~ 08:00
▶ 기상 & 아침 식사
08:00 ~ 08:30
▶ 신문 & Q.T

18:00 ~ 18:40
▶ 저녁 식사
18:50 ~ 19:20
▶ 라디오 〈뉴스 포커스〉
  진행
19:45 ~ 20:00
▶ 분장

08:30 ~ 09:30
▶ 분장 & 뉴스 준비
09:30 ~ 09:40
▶ TV 〈930 생활뉴스〉
  진행

14:10 ~ 15:00
▶ 점심 식사
15:30 ~ 16:00
▶ 〈데스크 인터뷰 오늘〉 녹화
16:00 ~ 18:00
▶ 독서 & 자기 계발 &
  기타 업무

10:00 ~ 10:30
▶ TV 〈브라보 멋진 인생〉 내레이션
11:30 ~ 14:00
▶ 라디오 〈정오의 희망곡〉 진행

• 2015년 기준

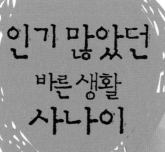

인기 많았던
바른 생활
사나이

▶ 아버지의 기타를 가지고 딩가딩가~

▶ 주말 가족 소풍 떠나기 전 한 컷!

▶ 이제는 축구를 취미로 즐기며

Question

어린 시절 꿈은 무엇인가요?

한동안은 꿈이 너무 많아서, 또 한동안은 뚜렷한 꿈이 없어 고민이 많았습니다. 축구선수, 교사, PD, 변호사, 드러머 등을 꿈꿨는데, 책이나 영화의 영향을 많이 받았어요. 꿈이 많이 바뀌긴 했지만 일반 회사에 들어가서 평범하게 살고 싶지는 않았죠. '박성언'이라는 브랜드를 키울 수 있는 일, 내가 즐기며 할 수 있는 일, 나아가 타인에게 작은 기쁨이 될 수 있는 일을 하고 싶었습니다.

Question 어린 시절 어떤 학생이었나요?

저는 어린 시절부터 공부를 뛰어나게 잘하지는 않았어요. 늘 중간이거나 중간에서 조금 위였죠. 그런데 수업 태도만큼은 전교 1등이었어요. 학교생활도 바르게 하려고 노력을 많이 했던 것 같아요. 그래서 선생님들이나 친구들의 부모님들께서 저를 참 좋아하셨죠. 개근상이나 성적 우수상을 받은 기억은 없지만 '모범상'은 매년 받았던 것 같아요. 친구들 사이에서

는 일을 주도적으로 이끌어가는 편이었고, 무언가를 기획하고 추진하는 걸 좋아했습니다.

어릴 때부터 욕을 하거나 비속어를 쓰지 않았기 때문에 아나운서를 준비할 때도 특별히 언어 습관을 고칠 필요가 없었어요. 언어 습관은 고치기가 참 힘들죠. 말은 그야말로 습관이거든요. 또, 운동을 워낙 좋아해서 수업 시간을 빼면 대부분의 시간을 운동장에서 보낸 것 같네요.

Question 학창 시절 성적은 어땠나요?

성적은 반에서 7~10등 정도의 수준이었어요. 흔히 말하는 '좋은 대학교'에 가고 싶은데 현실은 녹록치가 않았죠. 좀 더 '이름 있는' 학교에 가고 싶다는 생각에 뒤늦게 체대 입시를 준비해서 경희대학교 체육학과에 진학했고, 1학년 마치고는 정치외교학과로 전과했어요.

Question 친구들 사이에서는 어떤 학생이었나요?

축구를 잘해서 인기가 많았어요. 게다가 밴드의 드러머였으니 많은 친구들이 저를 부러워했죠. 저는 호불호가 분명하고, 자기중심적인 편이었어요. 반장이나 축구팀 주장과 같은 리더의 자리에 있으면서 무언가를 주도하다 보니 은연중에 고집 같은 게 생겼던 것 같아요. 초 · 중 · 고등학교 시절엔 그렇게 좀 '튀는' 친구였죠.

Question 진로에 대해 부모님께 영향을 받은 것이 있나요?

어머니께서는 늘 '영향력'을 끼치는 사람이 되라고 하시면서, 어디서든 리더십을 발휘하길 원하셨어요. 동시에 놀라울 정도의 '긍정적 기운'을 가진 분이시라 제가 아나운서가 될 수 있다는 자신감을 항상 불어넣어 주셨는데, 그게 면접장이나 방송 현장에서 제가 주눅들지 않을 수 있는 비결인 것 같아요.

아버지께서는 음악과 독서, 운동 등 다양한 취미를 가진 분이시라 그런 부분들이 아나운서가 된 지금까지도 제게 큰 도움이 되고 있습니다. 아나운서는 정말 다양한 분야에 관심이 많아야 하거든요. 부모님의 영향은 누구에게나 엄청나다고 생각해요.

Question 부모님께서 기대하신 직업은 무엇인가요?

초등학교 시절 매년 반장을 놓치지 않았고 전교 회장까지 하다 보니, 저에 대한 부모님의 기대가 컸어요. 제가 가진 능력에 비해 부모님의 기대가 커서 부담이 되기도 했죠. 대학교 입시를 준비하던 고등학교 3학년 때는 부모님의 기대에 부응하지 못해서 갈등이 많았어요. 부모님께서는 제가 당연히 서울대, 연세대, 고려대 정도에 갈 줄 아셨던 모양이에요.

딱히 어떤 직업을 갖길 원하시진 않으셨어요. 늘 제가 하고자 하는 일에 자신감을 심어 주셨고 저를 믿어 주셨죠.

Question 전공을 선택한 계기는 무엇인가요?

정치외교학을 전공하고, 신문방송학과를 복수 전공했어요.

처음엔 체육 대학에 진학했어요. 워낙 운동을 좋아해서 에이전트가 되거나 막연히 FIFA나 IOC 같은 곳에서 일하고 싶다는 생각을 했었죠. 그런데 막상 체육 대학에 진학해 보니 저와는 맞지 않는 부분이 많았어요. 그래서 방향을 바꿔야겠다고 마음먹었어요.

'그만두고 다시 재수를 해야 하나?'라는 생각도 해봤는데, 자신이 없더라고요. 그래서 전과 제도를 통해 정치외교학과로 과를 옮겼죠. 정치외교학과를 선택할 때는 막연히 UN 등의 국제기구나 월드비전과 같은 비영리단체 같은 곳에서 선한 일을 하고 싶다는 생각이 있었어요.

그러다 우연한 계기로 아나운서가 되기로 작정하고 나서 신문방송학을 복수 전공했죠.

Question 전과 후 전공이 자신과 맞았나요?

전과에 성공해서 정치외교학과에 가고 나니, 수업이 정말 재밌었어요. 대부분의 수업이 토론 형식이에요. 이슈 하나를 놓고 난상 토론을 벌여요. 많은 토론을 경험하며 말하는 능력도 좋아졌고, 세상에는 정말 다양한 관점을 가진 사람들이 있다는 것도 배울 수 있었어요.

중·고등학교 시절에는 제 확신이나 신념에 갇혀 시간을 보냈지만, 대학교에 오니 나와 다른 사람들과 이야기하면서 시야가 많이 넓어졌어요. 이러한 태도가 아나운서로서 특히 시사 프로그램을 진행할 때 큰 도움이 돼요. 이는 아나운서뿐만 아니라 어느 직업에서도 중요하다고 생각해요. 나와 다른 의견을 받아들이는 태도가 필요해요. 지금도 여전히 노력하고 있어요.

Question 대학 시절 어떤 활동을 하였나요?

다양한 활동을 하고 싶었는데, 교회 활동을 열심히 하느라 주로 교회에서 많은 시간을 보냈어요. 악기 연주, 행사 기획, 각종 모임 인도 등 지금 돌아보면 내공을 쌓은 시간들이었죠.

또, 교내에서는 전공 수업 이외의 교양 수업을 통해 다양한 과목을 경험했어요. '재즈 음악의 이해', '사진 예술의 이해' 등의 교양 수업과 국어국문학과의 '문예 창작' 수업도 들었어요. 남는 시간엔 세계문학전집에 빠져 살았던 것 같네요. 표지만 봐도 가슴 설레던 문학 청년 시절이 있었어요. 하하.

Question 대학 시절, 어떤 아르바이트를 하였나요?

군 입대를 위해 휴학을 하니 한 학기 정도 시간이 남았어요. 그 시간 동안 여행하고, 아르바이트도 하고 많은 활동을 하려고 노력했죠. 강남역에 있는 레스토랑에서 3~4개월간 일주일에 2번 씩 DJ로 일했어요. 2시간 동안 무대의 DJ석에 앉아 있으면, 사람들은 와인을 마시거나 식사를 하며 신청곡을 써서 내요. 그러면 제가 사연 소개와 함께 신청곡을 틀어 주

▶ 아나운서 시험장에서 한 컷

▶ 도전할수록 나를 찾을 수 있는 직업, 아나운서

는, 지금의 라디오 DJ와 같은 역할이었네요. 그땐 아나운서로 진로를 정했던 시기였고, 실제로 아나운서 지망생들이 많이 하던 아르바이트였어요.

또, 자동차 회사에서 신형 자동차가 출시되면, 차가 출고된 곳에서 지점의 매장까지 운전하여 배달하는 아르바이트도 해 보고, 코엑스에서 열렸던 국제포럼에서 진행 요원도 해 봤어요. 여러 가지 아르바이트 중에서 특이했던 것은 '축구 과외'였어요. 체대에 다니다 보면 초등학생들에게 운동을 가르쳐 주는 개인 레슨이 들어오는 경우가 많거든요. 제가 좋아하는 축구를 활용해서 용돈도 벌 수 있는 재미있는 아르바이트였어요.

어린 시절부터 저희 집은 평범한 중산층 가정으로, 은행에 다니시는 아버지 밑에서 특별히 경제적 어려움 없이 지냈어요. 그런데 다양한 아르바이트를 하며 무시도 당해 보고, 스스로 소모품 같다는 느낌도 받았어요. 사회 경험들을 통해 처음으로 '돈을 번다는 것은 정말 힘든 거구나.'라는 것과 '그동안 나는 온실 속의 화초처럼 자랐구나.'라는 생각을 많이 했죠. 보다 더 성숙해지고 강해지기 위해서는 대학 시절에 이러한 경험들이 필요한 것 같아요.

Question 아나운서를 꿈꾼 계기는 무엇인가요?

수업이 끝나고 캠퍼스를 걷는데, 캠퍼스에서 홍보하는 방송 아카데미를 통해 처음 '아나운서'라는 단어를 제대로 바라보게 됐어요. 진로에 대한 고민이 많던 시기였는데, '아나운서가 되면 내가 좋아하는 축구나 음악과도 계속 가깝게 지낼 수 있겠다.'라는 막연한 생각이 들었어요.

차분히 내가 '아나운서'라는 직업과 잘 맞을지 생각해 봤죠. 저는 어릴 때부터 발표하는 것을 좋아했어요. 선생님께서 책 읽기를 시키시기를 기다리곤 했거든요. 잘할 수 있고, 재미있을 것 같다는 생각에 바로 아나운서가 되기 위한 준비를 시작했어요.

Question 진로를 결정할 때 판단 기준은 무엇인가요?

친구들이나 교수님 등 주변 사람들에게 의견을 물었어요. 그런데 의견이 반반으로 갈리더라고요. "네가 무슨 아나운서를 해."라는 반응도 있고, "이미지가 너와 딱 맞다."라는 반응들도 있었어요. 그래서 결국엔 제 스스로의 판단대로, 될 수 있다는 믿음을 갖고 본격적으로 시작했죠. 도전하지 않으면 후회할 것 같은지 스스로에게 먼저 물어봐야 해요.

Question 진로 선택에 대해 부모님께서는 어떤 반응을 보이셨나요?

부모님께서는 저의 진로 선택을 지지해 주셨죠. 어머니께서는 "너는 잘할 수 있다. 잘 어울린다."라며 적극적으로 밀어 주셨고 아버지께서는 보다 현실적인 분이시라 "현실적으로 어렵지 않겠느냐."며 걱정도 하셨죠. 하지만 "아직 대학생이니 실패하더라도 도전해 봐라."라고 말씀해 주셨어요. 아마 몇 번 실패하고 나면 포기할 거라고 생각하셨던 것 같아요.

Question 신문방송학과를 복수 전공한 이유는 무엇인가요?

아나운서가 되겠다고 마음먹고, 아나운서라는 직업에 전략적으로 접근하고자 신문방송학과를 복수 전공했어요. 그런데 결과적으로는 후회합니다. 신문방송학이 기대했던 것만큼 학문의 깊이가 깊지 않고, 아나운서가 되는 데 크게 도움이 되지 않았거든요. 오히려 순수 학문을 했다면 세상과 인간과 삶을 더 깊고 넓게 보는 시야를 가질 수 있었을 것 같아요.

실제로 아나운서들 중에 신문방송학과 이외의 전공이 더 많은 것 같아요. 방송사에서 아나운서를 채용할 때도 신문방송학과 출신을 우대하지 않아요. 신문방송학 전공이 크게 도움되지 않는다는 것을 알기 때문이겠죠.

학교를 다니는 중에도 사실 전체적인 커리큘럼이 깊이가 얕고 아쉽다는 생각을 했어요. 한편, 신문방송학을 전공하며 재미있고 도움되는 부분도 많았습니다. 영상 커뮤니케이션이나 미디어 비평 등의 수업은 매체나 언론을 보고 생각하는 시야를 넓혀 줬어요.

Question 방송 아카데미에서는 배우는 것이 입사 시험을 준비하는 데 도움이 되나요?

비유를 하자면, 걷지 못하는 아이에게 걷는 방법을 알려주는 곳이라고 생각해요. 수업료가 많이 비싸긴 하지만 '기초반'은 들을 필요가 있다고 봅니다. 아카데미 수업을 통해 앞으로 아나운서 시험을 어떻게 준비할지 감을 잡을 수 있거든요. 그 이후엔 각종 스터디를 통해 지망생들과 함께 실력을 키워갈 수 있어요. 제 경우엔 이 방법이 아주 잘 맞았습니다.

Question 방송국의 입사 시험의 형태는 어떤가요?

아나운서 채용 절차는 방송국마다 다릅니다. KBS의 경우에는 서류와 1차 카메라 테스트, 2차 필기시험, 3차 심층 카메라 테스트, 4차 임원 면접의 형태로 진행되는데 1차는 약 10초 정도, 그러니까 뉴스 한 문장 정도 읽는 것으로 끝이 나고요. 필기시험으로는 보통 논술과 작문, 시사교양약술과 방송학을 봐요. 거기서 통과하면 이제 뉴스와 MC, 스포츠 중계 등 다양하게 보다 심층적으로 테스트하는 3차 전형이 진행되죠. 거기서 살아남으면 최종 면접까지 가게 되는 겁니다.

KBS 최종 면접에서 낙방한 적이 있는데 갑자기 그때 생각이 나네요. 마지막 관문에 가면 그야말로 '운'입니다. 내가 남보다 못해서 떨어지는 것 보다, 그해 해당 방송국이 원하는 아나운서 상과 내가 맞느냐가 당락을 좌우하죠.

면접 과정 중에 정말 다양한 것들을 요구하기 때문에 최신 시사부터 개인기까지 방대하게 준비해 놓아야 당황하지 않을 수 있어요. 참 재미있는 시험이지요.

2011년 MBC에서 방송되었던 〈신입사원〉이라는 프로그램이 있었어요. 오디션 프로그램의 붐이 일었을 때, MBC에서 공개적으로 오디션을 통해 아나운서를 뽑으려고 만든 프로그램이지요. 각 시험 단계의 리얼한 과정들을 방송으로 보여 줬었죠. 그게 제 생애 첫 면접이었어요. 특별한 지원 자격이 없었기 때문에 저 역시 일단 지원을 해 봤어요. 아나운서 시험에 대해 아무것도 모른 채 검은 뿔테 안경을 쓰고 면접장에 갔어요. 정말 많은 사람들이 모였더라고요. 갈 때는 별 스트레스 없이 갔는데, 막상 가 보니 '전국 모든 훈남들이 여기 다 모였나.' 할 정도로 잘생기고 목소리도 좋은 사람들이 많더라고요. 벽이 꽤 높다는 걸 그때 느꼈어요.

Question 아나운서 시험을 준비하는 데 도움이 된 활동은 무엇인가요?

남들과 다르게 발상하는 창의력이 중요합니다. 시험을 볼 때도 이론을 바탕으로 시험을 보는 것이 아니라, 즉흥적인 센스와 재치를 보거든요. MBC 최종 면접에서 "상대 응시자가 물을 마시는 장면을 중계해 보세요."라든가, "일석이조를 자신만의 방법으로 말해 보세요."라는 미션을 받기도 했어요. 대뜸 한 가지 단어를 주고, "이에 대해 1분 동안 스피치를 하세요."라는 미션을 받기도 해요.

이런 갑작스러운 상황에서 자신만의 콘텐츠를 많이 갖고 있을수록 뽑아낼 수 있는 것이 많습니다. 그래서 저는 아나운서를 준비할 때 길을 다니면서도 늘 마음속으로 작문을 하곤 했어요. 사물을 하나 볼 때마다 작문하는 연습을 했죠. 어떤 사물에 대해 새로운 관점으로 보는 연습을 해 왔던 게 도움이 된 것 같아요.

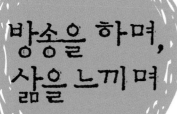
방송을 하며,
삶을 느끼며

▶ 〈뉴스데스크〉 앵커로서의 모습

▶ 축구 경기 캐스터로서의 모습

▶ 라디오 〈정오의 희망곡, 박성언입니다〉 DJ로서의 모습

여수 MBC 아나운서가 된 과정은 어떤가요?

저는 대학교 4학년 2학기 때 시험에 합격해 아나운서가 됐습니다.

다른 지망생보다 여러 곳에 많이 지원했던 것은 아니지만, 그래도 10번 가까이 지원하고 떨어지는 실패를 경험했어요. 대학교 3학년 때부터 시험을 보기 시작해서 MBC, KBS 등 여러 군데 지원해 봤어요.

아나운서 공채 시험은 정기적이지 않아서 어느 방송국이든 무조건 다 봤어요. 많은 시험을 경험하는 것이 시험을 준비하는 데도 도움이 되고, 아나운서가 된 이후에도 도움이 되거든요. 그래서 경험을 쌓기 위해 기대하지 않고 여수 MBC 공채에 지원했는데 합격했어요. 합격을 하고도 너무 먼 지역이라 다녀야 할지 고민이 됐지만, 막상 입사하고 나니 만족스러운 면이 많았어요.

Question **최종 합격하게 된 박성언 아나운서만의 강점은 무엇이었나요?**

스물여섯 살에 아나운서가 됐는데, 최종 면접에서 2명이 남게 되었어요. 같은 남자가 봐도 참 잘생긴 형이었어요. 합격한 뒤 부장님께서 말씀하시기를, "잘생긴 애와 잘하는 애가 남았는데, 잘하는 애를 뽑았다."고 하시더라고요. 외적인 면 보다는 내적인 면을 많이 보신 것 같아요.

Question **아나운서라는 직업을 소개해 주세요.**

아나운서는 뉴스를 전하거나 TV나 라디오 프로그램을 진행하고, 각종 행사나 스포츠 이벤트 실황 등을 중계하는 사람입니다. 요즘은 예능 프로그램으로 진출하는 아나운서들이 많아지면서 아나운서와 엔터테이너를 합친 '아나테이너'라는 말이 생겨나기도 했습니다.

라디오와 TV에서는 연예인들, 뉴스에는 기자들의 영역이 전보다 확대되면서 아나운서만의 영역이 점점 축소되고 있는 상황입니다. 하지만 이런 상황에서도 방송에는 오직 아나운서만이 할 수 있는 영역이 있으며, 다양한 유형의 프로그램을 진행할 수 있다는 점이 아나운서라는 직업의 장점이기도 합니다.

Question 서울 MBC와 여수 MBC의 차이가 있나요?

서울에 비해 여수 MBC는 아나운서의 수가 적고, 한 사람이 해야 할 역할이 많아요. 서울 방송국은 스포츠, 뉴스, 시사, 예능 등 개인의 한 가지 캐릭터를 특화시키는 반면, 지역 방송국은 아나운서 한 사람이 캐스터, 라디오 DJ, 뉴스 등을 모두 진행해야 합니다.

따라서 나만의 개성이 사라지는 것 같다는 생각도 들어요. 반면, 여러 가지 업무를 다양하게 경험해 볼 수 있고, 이를 통해 자신에게 어떤 것이 잘 맞는지 살펴볼 수 있다는 점은 장점이에요.

KBS는 본사에서 일괄적으로 채용하여 지방으로 발령을 내는데, MBC는 지역 방송국마다 자체적으로 채용을 합니다. MBC, KBS, SBS 등 일부 방송사를 제외하면 아나운서의 처우가 열악한 경우가 많으니 참고하세요.

Question 현재 맡은 업무는 무엇인가요?

현재 아침 생활 뉴스와 라디오 프로그램 〈정오의 희망곡, 박성언입니다〉, 저녁 〈뉴스 데스크〉를 맡고 있습니다. 때때로 당직이 있는 날에는 라디오 뉴스를 진행하기도 합니다. 주말에는 축구 중계를 하기도 하고, 그 밖에도 더빙, 다큐멘터리 내레이션, 현장 리포터 등의 일을 하기도 합니다. 광고 문구 녹음이나, 회사와 연결된 지역 행사의 사회도 맡습니다.

여러 방송 분야 중 어떤 분야가 잘 맞나요?

저는 뉴스 앵커보다는 라디오 DJ와 스포츠 캐스터가 잘 맞습니다.

저는 초등학교 때까지 축구선수가 꿈이었어요. 물론 지금도 축구를 좋아해서 주말마다 동갑내기 친구들과 축구를 하기도 해요. 어릴 때부터 친구들과 축구 게임을 할 때 직접 중계하며 놀기도 했어요.

또, 음악을 좋아해서 라디오를 즐겨 들었죠. 고등학교 때는 라디오 방송을 진행해 보기도 했어요. 좋은 음악을 들을 수 있고 청취자들과 일대일로 실시간 소통할 수 있는 라디오는 정말 매력적인 매체라고 생각합니다.

Question 일하면서 힘들었던 기억이 있나요?

처음 DJ하면서 표준 FM의 트로트 성인 가요 프로그램을 맡게 됐어요. 트로트 가수 분들이 게스트인 프로그램이죠. 그때 저는 트로트를 별로 좋아하지 않았거든요. 한 번은 공개 방송을 하러 지역 축제에 갔는데, 트로트를 좋아하지 않으니 분위기를 띄우지도 못하고 정말 난감하더라고요. 5개월 정도 프로그램을 진행했는데, 저는 즐겁지 않지만 즐겁게 해야만 한다는 것이 정말 힘들었어요.

당시 경험이 저의 부족한 점을 깨닫게 하는 계기가 되었어요. 저와는 맞지 않는 분야가 무엇인지 알 수 있었고, 지역 축제만의 문화나 분위기도 느낄 수가 있었죠.

일 때문에 힘든 것은 별로 없어요. 다만 고향이 서울이다 보니, 가족이나 친구들과 떨어져 산다는 것이 쉽지는 않습니다. 하지만 지방 생활은 의외로 단점보다는 장점이 훨씬 많은 것 같아요.

Question 축구 중계 준비는 어떻게 하시나요?

현재 축구 중계는 전남 홈경기만 하고 있어요. 경기 일주일 전부터 지난 경기 영상을 찾아보고 관련 기사들을 수집하죠.

축구 중계를 맡으면 완벽하게 하고 싶은 욕심이 있어서 준비를 철저하게 하는 편이에요. 그런데 막상 중계에 들어가면 준비해 놓은 것들의 절반도 활용하지 못하죠. 그만큼 당일 경기 상황에 몰입하게 되는데, 그게 바로 스포츠 중계의 매력인 것 같습니다.

Question 축구 중계를 하며 신경 쓰는 부분이 있다면 무엇인가요?

기존의 틀에서 벗어나 좀 색다르게 하고 싶어요. 사실 축구 중계를 보면 캐스터 대부분이 비슷한 멘트를 하거든요. 관습처럼 이어져 오는 것 같아요. 저 역시 다양하게 하려고 해도 그게 쉽지만은 않았어요. 끝나는 멘트만 하더라도 SBS의 배성재 아나운서는 남들과 다른 시도를 하더라고요. 작은 부분이지만 새로운 시도를 통한 일종의 혁신이라고 생각해요. 저는 오프닝과 클로징 멘트를 색다르게 할 수 있도록 멘트를 미리 적어 가는 편입니다.

Question 방송 중 기억에 남는 일은 무엇인가요?

FC 서울과 전남의 축구 녹화 중계가 저의 첫 중계였어요. 당시 저는 FC 서울의 팬이었어요. 녹화 후 퇴근하고 밤 12시에 제가 중계하는 것을 인터넷으로 보는데, 제가 중계한 경기 영상이 포털 사이트에 등록돼 수많은 사람들이 보고 있다는 사실에 많이 흥분됐죠. 아직도 그날 밤의 감동을 잊지 못합니다.

라디오 청취자들이 해 주시는 말들에서 힘을 많이 얻습니다. 한 번은 청취자 중 한 분이 우울증 환자였는데, "성언 씨의 라디오를 들으면서 2시간은 행복합니다."라는 문자를 보내 주셨어요. 또, "퇴근길에 라디오를 들었는데, 라디오가 끝날 때까지 차에서 내리지 못했어 요."라는 문자를 보내 주시기도 했어요. 이런 문자를 받으면 정말 보람을 느끼죠. 방송하는 사람들 대부분 비슷하지 않을까 싶어요.

Question 아나운서에게 필요한 자질, 역량은 무엇인가요?

아나운서를 준비할 때 글 쓰는 능력이 중요합니다. 아무리 작가나 기자가 원고를 써 준 다고 해도, 최종 전달자인 아나운서가 전달력을 높일 수 있도록 첨삭해야 하는 경우도 있 어요. 중학생이 들어도 이해할 수 있도록 수정하기도 하고, 표기법이나 문장의 구조들을 최종적으로 고민해야 합니다. 아나운싱을 하는 데 발음은 두 번째 문제인 것 같아요. 좋은 문장을 구성할 수 있는 능력을 갖고 있어야 해요.

평소 자신이 아나운서라고 생각하고 말하는 습관을 들이는 것이 좋아요. 저는 '명언 수 첩'을 갖고 있어요. 좋은 글이나 문장을 발견하면 적어 놓곤 해요. 방송할 때도 면접장에서 도 도움이 되죠.

하지만 무엇보다 중요한 것은 자부심이라고 생각해요. 사실 아나운서라는 직업은 막연 한 길일 수 있어요. 너무 적은 인원을 뽑다 보니 경쟁률이 말도 안 되게 높지만, 그에 비해 앞길이 안정적이고 탄탄한 것만도 아니죠. 어쩌면 앞으로 없어질지도 모르는 직업이기도 해요.

이러한 상황에서 단순히 아나운서가 된다는 하나의 목표만을 가지고 있다면, 무모한 도 전일 수도 있어요. 아나운서 외에 나의 미래에는 어떤 목표가 있는지, 내가 아나운서가 되 어야만 하는 이유는 무엇인지 고민하고, 그에 대한 확신을 가져야만 합니다.

아나운서를 준비하다 보면, 학벌, 외모 등 나보다 잘난 사람이 너무나도 많다는 생각에 열등감에 빠지기 쉽거든요. 나에 대한 확신이 있다면, 시험장에서나 이후 방송을 할 때에도 그게 반드시 드러날 겁니다.

Question 지방 방송국 채용 시 지역 출신을 우대하지는 않나요?

지역 출신에 대한 우대는 전혀 없습니다. 오히려 방송을 할 때 사투리가 나오면 안 되기 때문에 표준어를 잘 구사하는 사람이어야 해요. 실제로 제가 시험을 보러 갔을 때 150명이 실기 시험을 봤는데, 지역 출신은 그리 많지 않았어요. 서울 사람이거나, 고향이 지방이지만 표준어를 잘하는 사람들이었어요. 이러한 면에서 지방에서 아나운서가 되려는 친구들은 더 많은 노력이 필요한 것 같아요. 부산이 고향인 동기가 있는데, 방송할 때는 사투리가 전혀 나오지 않더라고요.

Question 방송사마다 원하는 인재상이 다른가요?

방송국에서 채용할 때, 올해에는 어떤 역량을 가진 사람이 필요한지 내부 논의를 거치겠죠. '예능감이 있는 아나운서' 또는 '목소리가 좋고 시사 감이 좋은 아나운서' 등 시기나 상황에 따라 원하는 인재가 달라질 수 있어요. 그래서 지역 방송사에서 떨어진 지망생이 서울 3사에 합격하는 경우도 생기죠.

Question 아나운서가 되는 데 어떤 전공이 도움되나요?

어떤 전공이든 도움된다고 생각해요. 이왕이면 개인에게 다양한 자극을 줄 수 있는 전공이었으면 좋겠어요. 나 혼자 공부를 해서 무언가를 성취하는 과가 아닌, 여러 사람들과의 토론이나 협업을 할 수 있는 과, 그래서 시야를 넓힐 수 있는 과에서 공부하는 게 도움이 됩니다. 그러면 추후에 아나운서가 되었을 때, 다양한 사람들과 만나 인터뷰를 하고 다양한 세상의 이야기에 열린 마음을 가질 수 있기 때문이에요.

Question 아나운서가 된 이후 기대와 달랐던 것이 있나요?

MBC는 직원에 대한 처우가 좋은 편이지만, 다른 방송사들은 그리 좋지 않다는 것에 놀라기도 했어요. 사실 지망생일 때는 누구나 '어디든 뽑히기만 하면 무조건 열심히 하겠다.'라는 각오로 임하잖아요. 자신이 불교가 아니더라도 불교 방송에도 지원하는 친구들도 많아요. 하지만 아나운서가 되고 보니 방송사 간의 처우들이 눈에 보이더라고요.

또, 아나운서는 엄청 활동적인 직업일거라고 생각했는데 생각보다 그렇지 않더라고요. 그저 회사원의 느낌이랄까요. 물론 이건 어디까지나 지역 방송국 아나운서로서 지극히 개인적인 생각입니다.

Question 아나운서로서 전문성 높이기 위해 어떤 노력을 하나요?

어릴 때부터 한 가지 직업만을 꿈꾸지 않고 다양한 분야에 관심을 가졌던 것을 보면, 저는 한 우물을 파는 성격은 아닌 것 같아요. 앞으로도 '한 우물을 파야겠다.'는 생각을 하지는 않아요. 캐스터만 한다면 라디오를 못하는 것이 아쉬울 것 같고, 라디오만 한다면 중계를 못하는 것이 아쉬울 것 같아요. 카멜레온처럼 다양한 색깔을 갖는 것도 장점이 될 수 있다고 생각해요. 다방면에 호기심이 많다는 것을 저의 장점으로 만들고 싶어요. 그러기에 '아나운서'라는 직업이 잘 맞아요. 다양한 사람을 만나고 다양한 분야를 접할 기회가 많거든요. 시사에도, 문화·예술에도 능통해질 수 있는 직업이에요.

Question 집에서 먼 지방으로 가는 것이 힘들지는 않았나요?

여수에서 6개월간은 정말 좋았어요. 늘 서울에서만 살았기 때문에 사람이 붐비고, 어디에서나 경쟁해야 한다는 것에 지쳐있었거든요. 그런데 마침 지역 방송사에서 일하게 돼서, 보다 여유로운 지방에서 살게 된다는 것이 좋았어요.

물론, 지방에 살아 보니 불편한 점들이 있어요. 늘 도시에 살았기 때문에 도시 생활에 물들어 있는 것이 당연하겠죠. 지금의 생활은 평일이면 지방에서 5일의 여유를 갖고, 주말이면 도시에서 2일을 살 수 있어 정말 좋습니다. 마치 여행하듯이 주어진 일상을 누리고 있어요.

Question 현재 직업에 대해 부모님께서는 어떻게 생각하시나요?

감사하게도 무척이나 자랑스러워 해 주세요. 제가 중계하는 축구 경기를 인터넷을 통해 실시간으로 보실 수 있거든요. 뉴스는 홈페이지로 보시고, 라디오는 어플리케이션을 통해 들으세요.

Question 공중파 외에도 다양한 방송국이 있는데, 아나운서의 역할과 처우는 다른가요?

방송국의 특성에 따라 아나운서의 역할은 조금씩 다르지요. 처우 역시 천차만별입니다. 예를 들어, 모 종합편성채널에선 꽤 높은 연봉에 정규직 대우를 해주지만, 모 케이블 방송 국에서는 비정규직에 월 100만원도 보장해 주지 않는 식이지요.

Question 아나운서로서 롤 모델이 있나요?

아직 롤 모델이라고 정해 놓은 분은 없어요. 여러 선후배들을 보면서 좋은 자극을 받으려 노력하죠. 한 명을 꼽으라면 SBS의 배성재 아나운서의 팬이에요. 축구 중계를 워낙 잘하시거든요. 월드컵 중계하는 게 꿈이었는데 이미 이루신 분이잖아요. 여러 모로 부러운 점도, 배울 점도 많은 분인 것 같아요.

Question 아나운서에 대한 오해나 환상이 있다면 무엇인가요?

연예인처럼 화려한 삶을 살 것이라고 생각하는 분들도 있어요. 극소수의 유명 아나운서들만의 이야기죠. 대부분의 아나운서들에게는 해당되지 않아요. 또, 아나운서는 모두 완벽할 거라고 생각하지만 저처럼 허당도 있죠. 하하.

Um...

Question 어떤 아나운서가 되고 싶은가요?

단순히 방송을 잘하는 사람이 아니라 좋은 사람, 진국인 사람, 사람 냄새가 나는 사람이었으면 좋겠어요. 또, 늘 겸손한 아나운서이고 싶습니다. 그래서 시청자 또는 청취자들에게 진솔하게 다가갈 수 있는 아나운서이고 싶어요.

Question 앞으로의 계획이나 목표는 무엇인가요?

저는 강의와 글 쓰는 것에 관심이 많아요. 글 쓰는 것을 좋아해서 책을 내고 강의도 하고 싶어요.

얼마 전 모교인 경희대학교에서 후배들을 만나기도 하고, 모 중학교에서도 학생들을 만날 기회가 있었는데, 정말 행복하고 좋았어요. 라디오는 스튜디오에 저 혼자 앉아, 보이지 않는 대중과 이야기하는 것인데, 그와는 다르게 학생들을 직접 만나니 즉각적으로 살아 있는 피드백이 온다는 것이 좋더라고요. 그래서 추후에 강의를 통해 제가 이야기할 수 있는 것을 학생들에게 전달하는 일을 하고 싶어요.

Question 아나운서를 꿈꾸는 학생들에게 하고 싶은 말씀은 무엇인가요?

정말 좁고 막연하고 어려운 길이지만, 도전할 가치가 있는 길이라고 생각해요. 나의 재능으로 많은 사람들에게 무언가를 전달할 수 있고, 기쁨까지 누릴 수 있는 좋은 직업이라고 말하고 싶어요.

아나운서에게 직접 묻는다

청소년들이 아나운서들에게 직접
물어보는 14가지 질문

방송에 나오지 않는 아나운서는 어떤 일을 하나요?

제가 주로 스포츠 중계를 많이 하다 보니 이런 비유가 떠오르네요. 하하. 아나운서는 운동선수와 비슷하다고 생각하시면 돼요. 운동선수가 경기가 없을 때는 무엇을 하죠? 경기를 준비하죠? 아나운서도 마찬가지에요. 한 프로그램을 위해 준비하는 시간이 상당히 길어요. 관련된 자료를 찾거나 책이나 영화를 보는 일도 부지런히 해야 하죠.

나이가 듦에 따라 진행하는 프로그램이 줄기도 하지만, 아나운서 조직을 관리하거나 타 부서와의 협력 관계를 구축하거나 우리말 프로그램을 만드는 사업을 하는 등 조직에서 중요한 역할을 맡게 됩니다.

아나운서국 내에서 호칭은 어떻게 부르나요?

아나운서는 회사원이고요. 아나운서국은 회사의 한 부서예요.

호칭은 보통 선후배로 불러요. 직급은 보통 12년차가 되면 그때부터 차장 대우, 그다음이 차장, 부장 대우, 부장, 부국장, 국장 순으로 승진합니다. 재미있는 건 사원으로 지내다가 12년차가 되면 갑자기 차장 대우로 승진하게 되죠.

방송국에서 연예인을 많이 보시나요?

연예인들은 드라마를 찍는 야외 현장으로 나가거나, 방송국에서도 드라마 제작을 위해 만들어 놓은 스튜디오 안에서만 녹화를 하기 때문에 실제로 마주치기 힘들어요. PD들이라면 많이 보겠지만 아나운서들은 스튜디오에서 같이 방송을 하지 않는 이상 보기는 힘들고요. 저희도 아주 가끔 실제 연예인을 보면 신기해서 놀란답니다. 하하.

아나운서들은 어느 학교 출신, 어떤 전공자가 많은가요?

전공은 천차만별이에요. 공대 나온 분들도 많고요. 체육을 전공한 분들도 있어요. 꼭 신문방송학과를 가야 하냐고 물어보는 학생들이 많은데요. 아나운서로 일하는 데 크게 도움이 되지도 않아요. 오히려 다양하고 차별화된 경험과 공부들이 도움이 된답니다.

학교는 명문대를 나와야 하냐는 질문이 많은데요. 요즘 MBC에서는 이력서에 출신 학교를 기입하지 않아요. 그래서 다양한 학교 출신들을 뽑지만, 뽑은 후에 보면 명문대 출신이 많은 것 같긴 해요.

아나운서를 준비하기 위해 꼭 방송 아카데미를 다녀야 할까요?

아나운서를 준비하기 위해 비싼 비용을 지불하면서 방송 아카데미를 다녀야 하는지에 대해 제 개인적으로는 회의적이에요. 하지만 아나운서가 되고 싶은 사람들끼리 모이다 보니 그 안에서 정보를 공유할 수 있는 것은 좋은 것 같아요.

이번에 KBS에서 여자 아나운서는 1명을 뽑았는데 경쟁률이 1000:1이였어요. 그럼 합격하지 못한 999명은 다른 방송사나 다른 지역의 방송국에서 일을 하는데, 아카데미에서 일을 소개받기도 하고 정보를 얻기도 해요. 그럴 땐 인적 교류를 통해 도움을 주고받아서 좋은 것 같아요.

배우, 개그맨 등 다른 직업인들이 진행하는 프로그램이 많아지고 있는데, 아나운서의 직업 비전은 어떤가요?

아나운서라는 직업에 대한 위기는 20여 년 전에도 동일하게 있었어요. 실제로 프로그램들이 개편되면서 아나운서가 진행하는 프로그램들이 많이 없어지기도 하고요. 그러다 다시 아나운서의 진행이 필요한 프로그램들이 생기기도 해요. 방송이 있는 한 아나운서를 필요로 하는 프로그램은 존재해요.

관건은 아나운서의 활동 영역을 넓히기 위해 아나운서 각자의 도전과 노력이 필요하다는 거죠. 제가 예전 〈연예가중계〉의 리포터를 할 당시에 그 일은 아나운서들이 하지 않았던 영역이었어요. 하지만 그렇게 도전하고 노력하다 보니 지금은 연예 뉴스의 리포터로 아나운서들이 많이 활동하고 있죠.

아나운서들은 조직 내에서 평판이 중요하겠군요?

맞아요. 프로그램을 제작하는 것은 많은 사람들과 협업을 해야 하는 것이기 때문에 나와 같이 일하고 싶어 하는 사람들의 마음이 중요하죠. 일반적으로 회사원들은 상사에게 잘 보여야 한다고 생각하잖아요. 아나운서는 맨 밑에서 궂은일을 하는 사람들에게도 인정받아야 해요. 지금 함께 작업하는 막내 작가가 5년, 10년 후에는 메인 작가가 되어 저와 같이 일할 수도 있으니까요. 하하. 물론, 시청자들에게도 좋은 평판을 받아야 하구요.

업무로 인해 어떤 스트레스를 받나요?

실수에 대한 부담감이죠. 3년차 됐을 때의 일이에요. 5시에 녹화를 시작해야 하는데 6시에 일어난 거예요. 녹화장에 뛰어가 보니 이미 녹화는 끝난 상태였어요. 대형 사고를 친 거죠. 아직도 그 때의 일이 가끔 꿈에 나타나요.

그런 경험 때문인지 아무것도 준비가 안 된 상태에서 녹화가 시작되는 꿈을 꾸기도 해요. 아주 섬뜩하죠. 아마 스트레스 때문인 것 같아요. 하지만 이런 스트레스가 나를 준비된 사람으로 만들어 주는 것 같아요. 그 방송 사고 이후부터는 방송 시간에 늦다든지, 멘트를 놓친다든지 실수를 한 적이 없어요.

아나운서로서 말을 잘하기 위한 방법은 무엇인가요?

단순히 말을 잘하기 위해 '말하기' 연습보다는 오히려 '읽기'와 '쓰기' 연습이 굉장히 중요해요. 서로 관련이 없을 것 같지만, 아나운서로서 말을 잘하기 위해서는 부지런히 글을 읽고, 글에 대해 생각하고 글을 써보는 연습을 게을리 하지 않아야 해요. 말하기를 위한 연습보다는 '말'의 기초가 되는 '글' 자체에 힘을 실을 수 있는 과정이 필요한 거죠. 오래 달리기를 위해 값비싼 기능성 러닝화를 신는 것보다 먼저 순발력과 지구력을 높이는 것과 같다고 보면 될까요? 말을 잘하기 위한 과정으로 본다면, 말하기보다는 우선되는 과정이 '읽기'와 '쓰기' 랍니다.

깊은 생각으로 조리 있게 쓴 '글'이 완성되었다면, 제대로 된 발성과 정확한 발음이 더해져야 합니다. 그런 다음에야 말을 잘하기 위한 역량이 완성됩니다.

프리랜서 아나운서를 할 생각이 있나요?

아나운서가 된 지 20년쯤 되니 선배로서의 의무감 같은 것이 생겨요. 저는 선배들을 보면서 저의 10년 후, 20년 후의 아나운서로서의 모습을 상상해 봤거든요. 이젠 제가 그 위치에 오니 후배들에게 가르쳐 주고 싶고, 선배의 역할을 다 해 주고 싶어요.

또, 하나는 공영 방송국으로서 KBS가 가진 매력이 있어요. 이런 조직에서 제 역할을 발견하는 일이 프리랜서로 조직 밖에서 돈을 많이 버는 일보다 저에겐 더 매력적으로 다가오는 것 같아요.

프로그램은 어떻게 배정받나요?

프로그램 배정 업무를 담당하는 아나운서 선배들이 있어요. 프로그램을 기획하는 PD들이 어떤 이미지의 아나운서가 필요하다고 요청하면 프로그램 배정 업무를 맡는 분이 업무 조정을 하는 거죠.

아나운서로서 연차가 어느 정도 되고, 자신의 주특기가 명확해 질수록 자신에게 잘 맞는 프로그램들을 선택해 본인이 하고 싶다는 의견을 적극적으로 표현할 수도 있어요.

출퇴근 시간은 어떻게 되나요?

많은 분들이 방송이 있을 때만 출근한다고 생각하시더라고요. 하지만 일반 회사원처럼 8시간을 근무해요. 조금 다른 점이라면 아침 방송이 있으면 새벽에 일찍 출근해서 8시간 근무를 하고요, 밤에 방송이 있으면 오후 늦게 출근을 해서 8시간 근무하고 밤늦게 퇴근하기도 해요.

아나운서는 대본을 잘 읽으면 되나요?

원고가 있긴 하지만 DJ나 MC들 모두 원고 그대로 방송하는 아나운서는 없어요. 아나운서들은 원고에 '자신'을 담아 방송을 합니다. 그래야지 원고의 내용을 잘 살려서 표현할 수 있거든요. 예를 들면, 라디오 방송이나 내레이션의 경우에는 감정을 넣어서 영상이나 음악과 잘 어울릴 수 있게끔 읽어야 하죠. 듣는 사람들의 마음에 와 닿을 수 있도록 전달해야하기 때문이에요. 뉴스의 경우는 좀 달라요. 물론 사전에 시·청취자들이 알기 쉬운 단어로 바꾸긴 하지만, 사실을 분명하게 전달하는 것이기 때문에 사전에 준비된 원고대로 정확하게 표현하려고 해요. 그래서 정확하게 발음하는 데 신경을 씁니다.

더불어 원고의 전달력을 높이기 위해서는 목소리나 발음 같은 언어적 요소도 중요하지만, 표정이나 손짓 같은 비언어적 요소도 중요합니다. 신경 써야 할 것이 굉장히 많죠? 단순히 원고를 잘 읽는 것보다 원고의 내용을 잘 전달할 수 있는 방법을 항상 고민한답니다.

아나운서는 그저 '잘' 읽는 사람이라기보다는 '잘' 표현하고 전달하는 사람입니다.

아나운서가 되기 위해서는 어떻게 준비했나요?

이 질문을 가장 많이 받은 것 같은데요. 저는 발음을 연습할 때 고전적인 방법을 사용하곤 했습니다. 볼펜을 물고 성경책을 읽는 것이었는데요. 발목에 모래주머니를 차고 달리는 연습을 하다가 주머니를 빼면 몸이 가벼워 더 빨리 달릴 수 있는 것처럼, 발음을 연습할 때 볼펜을 입에 물고 하다가 빼게 되면 발음하는 데 훨씬 수월해지더라고요. 주의할 것은 침이 흘러나올 수 있으니 혼자 있을 때만 하기를 추천합니다. 하하.

그리고 한 가지의 사건이나 사물을 다양한 관점에서 생각해 보고, 또 질문 거리를 만들어 보는 것도 인터뷰 연습에 도움이 됩니다.

예비 아나운서 아카데미

방송을 만드는 사람들

방송 프로그램이 만들어져 우리가 시청하기까지 어떤 과정을 거칠까?

방송사에서는 봄·가을 정기 개편 시기가 되면 새로운 프로그램을 기획한다. 프로그램 프로듀서(PD)가 새로운 프로그램을 구상하여 기획이 되면, 파일럿 프로그램이라는 샘플을 제작하여 시청자와 광고주 등의 반응을 살피고, 여기서 반응이 좋으면 정규 프로그램으로 편성하게 된다. 편성이 결정된 프로그램의 경우 담당 PD가 진행자 및 출연자 섭외, 제작 스태프 구성, 세트 제작, 대본 작성, 제작 일정 관리, 홍보, 시청자 반응 검토 등 여러 과정을 준비하여 조율하게 된다.

그 다음은 세트에서 이루어지는 세트 촬영이 이루어지며, 야외에서는 야외 ENG 촬영이 시작된다. 정해진 대본대로 촬영이 마무리되면 촬영이 끝난 비디오테이프 혹은 메모리 카드를 수거하여 편집 작업에 들어가게 되는데, 보통 3~5회의 편집 과정을 거치게 된다.

첫 번째로 NG 장면, 방송 부적합 장면들을 골라내는 컷 편집을 거친 후, 작성된 시나리오와 맞추어 컷과 컷을 연결하는 편집을 거치게 된다.

그 후에 자막을 삽입하고, 배경 음악과 오디오 믹싱 작업을 하게 된다. 버라이어티 프로그램의 경우에는 스튜디오 촬영을 한 번 더 거치기도 한다.

최종 편집과 확인 작업이 끝나면 완성된 비디오테이프를 각 방송사 주조정실로 보낸다. 이곳에서 방송 편성표를 기준으로 전국으로 송출하는데, 수도권 내 중앙 방송사 주조정실에서 플레이된 프로그램은 옥상 안테나를 통해 전국 방송 지사로 전달된다. 서울에서 송출된 전파를 지방 방송사와 케이블 사업자들이 받아 유·무선으로 송출하며, 우리는 TV, PC, 휴대 전화, 테블릿 PC 등으로 시청할 수 있게 된다.

방송 프로그램을 만드는 사람들, 그들은 누구인가?

매주 평일 오전 KBS 1TV로 방송되는 〈아침마당〉은 1991년 5월에 방송을 시작하여 25년간 꾸준히 시청자들의 사랑을 받으며 KBS의 간판 시사·교양 프로그램으로 자리매김하였다.

〈아침마당〉은 '일상에서 만나는 선한 이웃들의 다양한 이야기를 요일별로 특화하여 감동과 재미, 가치와 의미를 느끼게 하는 프로그램'이라는 기획 의도에 따라 삶의 진한 감동이 있는 아름다운 이야기를 시청들과 나누는 프로그램이다.

이렇게 따뜻하고 아름다운 이야기를 담아 프로그램을 만드는 사람들은 누구일까?

우리가 화면에서는 만날 수 없지만, 방송이 끝날 무렵 스태프 스크롤을 통해 어떤 사람들이 어떤 일을 하는지 알 수 있다. 〈아침마당〉을 통해 그들과 그들의 일을 들여다보자.

방송 책임 프로듀서

　담당 방송 프로그램의 기획 및 제작을 총괄 책임지고, 관련 종사원들의 활동을 관리·감독한다.

■ 수행 직무

- 방송 편성 회의에 참여하여 방송사의 중장기 전략, 각 프로그램의 편성 방향 등에 대해 협의한다.
- 소속 직원들의 인사 관리를 한다.
- 담당 프로듀서와 상의하여 작품을 배정한다.
- 프로듀서가 제출하는 제작 기획서를 검토하고, 경영진과 협의하여 프로그램의 작가, 연기자, MC 및 외부 연출가를 선정 및 결정한다.
- 제작 예산을 승인하고 관리한다.
- 제작된 프로그램을 시사하고, 수정 및 보완 사항을 결정한다.
- 담당하는 프로그램의 기획, 예산, 편집, 홍보 등을 총괄적으로 관리하며 책임을 진다.

교양 프로그램 프로듀서(방송 연출가)

교양 프로그램(스튜디오에서 녹화하는 정보나 토크 혹은 가벼운 오락 프로그램)을 기획·제작 총괄하고 관련 종사원들의 활동을 지휘한다.

■ 수행 직무

- 방송 편성의 기본 방향과 방송법, 심의 기준, 방송 강령, 제작 가이드라인을 숙지한다.
- 프로그램 아이디어 창출을 위한 기획 회의를 한다.
- 아이디어에 따른 예비 조사 자료를 수집한다.
- 특정 분야의 전문가에게 자문을 구하기도 한다.
- 프로그램의 제작 방식을 정하고 기본 구성 작업(토론, 인터뷰, 방청객 여부, 스튜디오, 생방송, 녹화 방송, 제작 소요 시간 등)을 한다.
- 제작비 추정 예산안을 작성한다.
- 기획 회의 보고서 및 제작 기획서를 제출하고 결재를 받는다.
- 제작 진행표를 작성하고, 큐시트, 대본, 제작 일정표를 작성한다.
- 출연자를 섭외한다.
- 스태프 회의를 통해 프로그램의 구성 개요, 요점, 목표 전달, 프로그램 유형, 세트 위치, 연출의 주요 무대, 제작 진행상의 특별한 계획, 효과, 구성 등을 세부적으로 기획·수립·전달한다.
- 야외 취재 및 사전 헌팅을 하기도 한다.
- 세트 디자인 및 소품 회의를 진행한다.
- 음악, 음향 효과 관련 협의를 한다.
- 컴퓨터 그래픽, 애니메이션, 특수 효과, 자막 등을 협의한다.
- 인서트용 편집을 한다.
- 홍보 전략을 구상하고, 홍보 문안 및 사전 자료를 준비한다.
- 녹화 전 최종 점검(자막, 소도구, 애니메이션, 인서트용 등)을 한다.
- 카메라 리허설을 진행하기도 한다.
- 방송 녹화(또는 생방송)를 진행·관장한다.

- 제작 분석 평가 및 시청자 반응을 검토한다.
- 제작하는 프로그램의 종류에 따라 인터뷰 프로그램, 토론 프로그램, 여성 프로그램, 어린이 프로그램, 종교 프로그램 등을 제작한다.

조연출가

방송 프로듀서(방송 연출가)의 지시에 따라 프로그램 제작에 관련된 업무를 수행한다.

■ 수행 직무

- 프로그램을 제작하기 위하여 대본을 검토하고 출연자 섭외, 편집, 음악 등에 대해 방송 프로듀서(방송 연출가)와 협의한다.
- 촬영 및 프로그램이 원활히 진행되도록 출연자, 스태프 등을 관리하고 점검한다.
- 연습 또는 실제 촬영 중에 카메라, 마이크, 조명 등 촬영 장비(방송 장비)의 배치와 운영을 지원하고, 방송 연출가의 지시 내용을 전달한다.
- 프로그램의 촬영이 완료되면 편집, 더빙, 컴퓨터 그래픽 작업 등 후반 작업의 진행을 관리하고 지원한다.
- 제작비, 제작 기간, 제작 일정을 관리한다.

구성 작가

텔레비전, 라디오, 인터넷 등의 오락 프로그램, 교양물 등의 비드라마용 방송 프로그램의 진행 원고를 작성한다. 그 외 영화 및 드라마 또는 애니메이션을 제작하기 위하여 창작글을 쓰거나 문학 작품의 내용을 각색하여 시나리오(대본)를 쓰는 대본 작가나 방송 드라마 대본을 집필하는 드라마 작가 등이 있다.

■ 수행 직무

- 텔레비전의 오락물, 교양물 프로그램, 라디오 프로그램 등의 방송 내용 기획과 방향을 방송 프로듀서(방송 연출가)와 협의한다.
- 원고 작성을 위하여 자료를 수집하고 정리한다.
- 인터넷 게시판, 메일, 우편물 등을 확인하여 사연을 정리한다.
- 수집한 자료를 기초로 프로그램의 성격에 맞춰 원고를 작성한다.
- 방송 중에는 프로그램 진행자의 순조로운 진행을 돕고, 원고를 수정한다.
- 방송 출연자를 섭외하기도 한다.

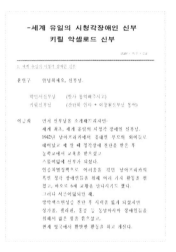

▶ 〈아침마당〉 대본 중에서

프로그램 진행자

TV, 라디오, 케이블 등의 교양·오락·시사·다큐 프로그램에서 원활한 진행이 이루어질 수 있도록 프로그램을 진행한다.

■ 수행 직무

- 프로그램 진행에 대한 선반석인 사항을 숙지하고, 프로그램이 원활히 이루어질 수 있도록 계획을 세운다.
- 작성된 방송 계획 및 대본에 따라 녹화, 녹음을 하고 프로그램을 진행한다.
- 연예인 및 기타 출연자를 청중에게 소개하고, 계획에 따른 순서를 진행한다.

- 발음법, 표정 정리 및 태도 등을 주의하고, 진행상 발생할 수 있는 돌발 사고에 대처하여 유머 및 프로그램 진행 감각을 갖추어 진행이 원활히 이루어지도록 유도한다.

방송 기술 감독

방송 프로그램의 제작 기술 업무를 총괄하고, 관련 종사원들의 활동을 지휘 · 감독한다.

■ 수행 직무

- 부조정실의 기술팀을 구성하여 제작 시간, 출연자, 소요 장비 등의 제작에 관해 협의·조정한다.
- 영상, 음향, 조명 감독 등 기술팀 회의를 주관하고, 의견을 조율한다.
- 음향 및 영상 등의 제작 기술의 품질을 관리한다.
- 부조정실에서 비디오 믹서(비디오 스위처)를 조정하여 화면의 영상을 변화시킨다.
- 야외 제작 시 시스템 구성을 감독한다.

방송 영상 감독

카메라로 촬영된 영상의 화질을 개선하기 위해 영상 장비를 조작 · 운영한다.

■ 수행 직무

- 카메라, 조명의 세팅 상태를 점검하고, 케이블 등의 연결 상태를 확인한다.
- 영상 장비를 점검하고, 화면 테스트를 시행한다.
- 방송국 내의 부조정실(부조실)에서 촬영 기사가 촬영한 영상을 화면으로 관찰하면서 영상 장비를 이용해 명도, 색상 등의 파형 및 영상 레벨을 조정한다.
- 일관된 색상과 흔들림 없는 영상을 유지하기 위해 화질을 지속적으로 관찰한다.
- 부조정실 내의 카메라 및 영상 장비를 운용하고 점검 · 관리한다.

촬영 감독

영화, 방송 프로그램 제작을 위해 카메라 촬영 업무를 총괄하고, 촬영 기사의 활동을 조정·감독한다.

■ 수행 직무

- 촬영할 대본(시나리오)을 분석하여 촬영 방향 및 연출할 영상 효과에 대하여 논의한다.
- 촬영 장비를 선정하고 촬영 기사에게 점검을 지시한다.
- 촬영 현장을 답사하여 촬영 효과에 영향을 줄 수 있는 요인을 분석하고, 촬영 및 조명 설치에 필요한 제반 사항을 결정한다.
- 조명 감독과 조명 설치에 대하여 협의한다.
- 촬영 대상, 촬영 거리, 화면 사이즈, 적정 노출 등을 고려하여 촬영하도록 지시하거나 직접 촬영한다.
- 촬영 기사의 업무를 조정하고 감독한다.

촬영 기사

촬영 기술에 관한 지식을 기초로 스튜디오 카메라, 영화 카메라 등의 촬영 장비를 사용하여 각종 물체나 대상을 촬영한다.

■ 수행 직무

- 대본(시나리오)의 장면에 따라 촬영 감독과 협의하여 화면의 배열을 결정한다.
- 화면의 노출 조절, 촬영 대상과 카메라의 움직임, 촬영 대상과의 거리 변경, 기타 제반 문제점들을 고려하여 프로그램 프로듀서(방송 연출가)나 촬영 감독의 지시에 따라 대상을 촬영한다.
- 항공 및 수중 촬영용 특수 카메라를 사용하기도 한다.
- 촬영이 완료되면 필름을 교환하고 촬영 일시, 장면 등을 기록한다.
- 파손된 촬영 장비, 인화 장비 등을 수리하기도 한다.

조명 감독

방송 프로그램, 영화, 공연 등을 제작하기 위하여 조명 관련 업무를 총괄하고, 조명 장비와 인력을 관리 · 감독한다.

■ 수행 직무

- 조명 디자인을 계획하기 위해 프로그램 프로듀서(방송 연출가), 영화 감독, 연극 연출가 등과 협의한다.
- 세트 규모, 인원, 카메라 위치, 분위기 등을 파악하여 조명의 연출 방법, 시간, 조합 순서 등을 계획한다.
- 조도, 색온도, 조명 효과 등을 확인한다.
- 조명 관련 종사원의 업무를 할당한다.
- 조명 기구의 설치를 감독한다.
- 조명 기술을 개발하고, 조명 장비를 관리한다.

조명 기사

연극, 영화, 무용, 방송 드라마 등을 제작하기 위하여 조명 설비를 설치하고 조절한다.

▪ 수행 직무

- 작품의 공연이나 촬영에 필요한 전반적인 조명의 상태를 파악하기 위하여 조명 감독과 협의한다.
- 촬영 현장의 여건에 따라 축전지 또는 발전기의 사용 여부를 결정하고 투광 조명기, 반사판, 집중 조명(spot light) 등의 조명 장비를 설치한다.
- 일정한 주기로 전등을 교체하고, 축전지를 충전 장치에 삽입한다.

음향 감독

방송 프로그램을 제작하기 위해 음향 계획을 수립하고,
관련 종사원들의 업무를 지휘한다.

▪ 수행 직무

- 프로그램의 특성을 파악한 후 프로그램 프로듀서(방송 연출가), 연극 연출가 등과 협의를 통해 음향과 관련된 제작 장비의 시스템을 구성한다.
- 음향 시스템을 유지·관리하고, 제작 의도에 맞게 음향 시스템을 최적으로 유지한다.
- 음향 기술을 개발한다.
- 배우들의 음성, 노래, 악기 소리 등을 최적의 상태로 혼합하기 위해 오디오 믹서(음성 혼합기) 및 음향 효과(이펙트) 장비를 조작한다.
- 음향 기사의 업무를 지시 및 감독한다.

음향 및 녹음 기사

음향 기사 및 녹음 기사는 영화 또는 방송 드라마를 제작하기 위하여 음향 장비와 녹음 장비를 조작한다. 이들은 방송 장비 기사로 불리기도 하며, 방송국의 주조정실, 부조

정실, 중계차 등에서 영상, 음향, 조명 및 편집 관련 업무를 담당한다.

■ 수행 직무

- 사운드 믹싱 엔지니어(sound mixing engineer)라 부르며, 방송국 및 각종 공연장, 녹음 스튜디오 등에서 해당 작업을 수행한다.
- 적합한 음향을 연출하기 위하여 고음, 중음, 저음을 조작하는 이퀄라이저(각각의 음색을 혼합하는 장치)를 조절하여 혼합한다.
- 드라마 삽입 음악을 선정하여 테이프 또는 콤팩트 디스크로 재생하여 각 장면에 맞도록 음향을 조정한다.
- 영상에 어울리는 음향, 대사 등을 삽입하기 위하여 방송 장비를 조작한다.
- 카메라에 연결된 선로를 확인하고, 녹음기의 가동 상태를 확인한다.
- 녹음기를 조작하여 프로그램의 음향 신호를 녹음 테이프에 수록한다.
- 편집기를 조작하여 방송 시간에 맞도록 프로그램의 화면과 음향을 재편집하기도 하며 기기의 작동 상태를 점검하기도 한다.
- 녹음 장비 등을 설치하기 위해 사다리를 타고 천장으로 올라가서 작업하기도 한다.

음악 감독

방송, 영화, 연극, 뮤지컬 등에 사용될 음악을 선정하거나 작곡 및 편곡한다.

■ 수행 직무

- 대본 또는 시나리오를 보고 프로그램 프로듀서(방송 연출가), 영화 및 연극 연출가, 음향 감독 등과 함께 프로그램 또는 공연의 성격 및 진행 흐름에 대해서 협의한다.
- 음악이 삽입될 장면 및 상황에 들어갈 음악을 선정한다.
- 선정한 곡을 편곡하거나 새로운 곡을 작곡한다.
- 앨범을 제작할 경우 가수, 세션맨 등을 선정하기도 한다.
- 앨범 제작 업무에 참여하기도 한다.

방송 편집 기사

방송 프로그램의 특성에 맞게 촬영한 영상물을 재구성하여 편집한다.

■ 수행 직무

- 방송 대본을 검토하여 전체적인 분위기 및 흐름을 파악하고 프로그램 프로듀서(방송 연출가)와 협의하여 편집 방향을 결정한다.
- 촬영이 끝난 비디오테이프이나 메모리 카드를 편집 장비에 삽입시켜 영상을 관찰한다.
- 음악, 음향, CG(영상 특수 효과, 자막 등)등 관련 분야의 담당자와 편집에 대하여 협의한다.
- 각각 녹음·녹화되어 있는 음악, 효과음, 특수 효과 등을 하나로 종합한 후 색을 보정한다.
- 완성된 영상을 비디오테이프나 디지털 메모리 장치에 녹화한다.

영상 그래픽 디자이너

방송의 뉴스, 일기예보, 속보 등에 사용되는 글, 그림, 데이터, 문자 등을 디자인하고 송출한다.

■ **수행 직무**

- 뉴스, 일기 예보, 다큐멘터리 등 제작팀의 프로그램 프로듀서(방송 연출가) 또는 보조 연출가 등으로부터 방송 자막이나 그림으로 사용될 내용을 받는다.
- 방송의 특성을 고려하여 글에 적합한 글꼴, 크기, 디자인 그리고 색채 등을 결정하며 관계자와 협의하여 최종 결정한다.
- 컴퓨터, 그래픽 소프트웨어, 마우스 등을 사용하여 글을 작성하고 디자인한다.
- 캡처기, VTR 등을 사용하여 방송에 사용될 인물 사진이나 기존 자료 등을 캡처한다.
- 디자인한 내용을 송출 기기를 사용하여 전송하거나 녹화기를 사용하여 녹화한다.

무대 및 세트 디자이너

연극, 영화, 방송 프로그램 등을 제작하기 위하여 세트(무대 장치)를 한다.

■ **수행 직무**

- 무대 장치에 필요한 사항을 결정하기 위하여 대본을 검토하고 미술 감독과 협의한다.
- 무대 장치의 종류, 크기, 색상 등 세부 사항을 결정하고 도를 작성한다.
- 작성한 도에 따라 무대 장치를 검토하고 필요 사항을 변경한다.
- 무대 조립 시 활동을 감독·지시한다.
- 세트의 시각적 효과를 위하여 작화가와 협의한다.
- 방송국에서 드라마, 쇼, 교양 프로그램 등 한 가지 분야를 전문으로 하기도 한다.
- 소품 도구를 수집, 임대, 제작, 배치하는 데 종사하는 작업원들의 활동을 감독하기도 한다.

소품 관리원

연극, 영화 및 방송 등의 제작이나 유원지, 오락 시설의 행사를 실시하는 데 사용되는 다양한 소품들을 관리하고 정리한다.

■ **수행 직무**

- 연극, 영화 및 방송에 쓰이는 다양한 소품들을 관리하고 정리한다.
- 의상, 가구, 도구 등 소품의 목록을 정리하고, 보관 장소를 확인한다.
- 소품들을 직접 제작하거나 제작 의뢰를 맡긴다.
- 소품의 반출 요구서를 확인하고, 필요한 소품을 반출한다.
- 반입되는 소품을 확인하여 파손 상태를 점검하고 일지에 기록한다.
- 신규 제작된 소품 목록을 정리하여 컴퓨터에 입력하고, 반출된 소품의 목록을 검색한다.
- 구입 또는 제작하려는 소품 목록을 정리하여 구매 요구서를 작성한다.

패션 코디네이터

방송이나 공연을 위하여 연예인의 성격, 분위기 및 출연 프로그램의 특성 등을 검토하여 화장, 의상과 장신구 등을 조화롭게 연출시켜 준다. 의상과 액세서리 등을 조화롭게 연출하여 토탈 패션을 연출한다.

■ **수행 직무**

- 방송이나 공연을 위하여 연예인의 성격, 분위기 및 출연 프로그램의 특성 등을 검토하여 화장, 의상과 장신구를 조화롭게 연출한다.
- 프로그램 프로듀서(방송 연출가), 연예인의 의견을 참조하여 준비된 의상과 장신구 중에서 선정하여 조화롭게 연출시킨다.
- 야외 촬영 현장 및 스튜디오에서 의상과 장신구 등 다양한 소품들을 정돈·관리한다.

- 패션 경향, 색채나 무늬, 재단, 봉제 등 다방면에서 관련 정보를 수집하고, 다양한 패션 상품의 제작에서 하나의 패션 이미지를 염두에 두고 유행성을 설정한다.
- 대중에의 적합도를 확인하고, 자사 및 경쟁사 상품에 관하여 조사한다.

성우

라디오, 텔레비전 방송, 영화 녹음 등에서 연기자의 감정을 실어 목소리로 연기한다.

■ 수행 직무

- 프로그램 프로듀서(방송 연출가)로부터 역할을 배정받고 방송극의 내용, 분위기, 대사, 역할 등을 소화하여 등장인물의 성격을 표현할 수 있도록 목소리를 연습한다.
- 교양 프로그램을 해설하거나 라디오와 방송의 사회를 보기도 한다.
- 배역의 성격과 내용에 따라 어린이역, 청소년역, 노인역 등의 다양한 목소리로 연기한다.
- 영화 녹음 또는 외국 영화의 대사를 우리말로 녹음한다.
- 상업 방송에 출연하여 광고를 하기도 한다.

• 출처: 한국직업사전, 한국직업정보

• 워크넷(http://www.work.go.kr)의 직업 정보 검색에서 다양한 직업에 대해 알아볼 수 있다.

우리말 바르게 알기

언어 예절

① 본인을 소개할 때 이름 뒤에 직함, 직위를 붙이지 않음.

안녕하십니까. 저는 홍길동 기자입니다. ⇒ **안녕하십니까. 저는 기자 홍길동입니다.**

② 본인의 성을 말할 때는 가(哥)를 쓰고, 남의 성을 말할 때는 씨(氏)를 씀.

제 성은 전주 이씨(氏)입니다. ⇒ **제 성은 전주 이가(哥)입니다.**

③ 성(姓)에는 '자'를 붙이지 않고, 이름에만 '자'를 붙임.

아버지 함자는 홍자 길자 동자입니다. ⇒ **아버지 함자는 홍 길자 동자입니다.**

④ 몸소는 존경의 의미이므로 본인에게는 쓸 수 없음.

제가 몸소 체험했습니다. ⇒ **제가 직접 체험했습니다.**

⑤ 존경법 선어말 어미 '~시~'는 본인에게 쓸 수 없음.

제가 아시는 분도 몇 번이나 그런 적이 있었대요.

⇒ **제가 아는 분도 몇 번이나 그런 적이 있었대요.**

올바른 경어법

높여야 할 서술어가 여러 개일 경우 어떻게 해야 할까?

① 대체로 문장의 마지막 서술에 높임의 선어말 어미 '~시~'를 씀.

건강 검진 받으러 오셨나요?

삼촌은 나를 보며 웃으셨다.

선생님이 수업을 마치고 가셨다.

② 존경의 어휘와 함께 쓸 경우 다른 서술어에도 '~시~'를 씀.

할머니께서 주무시고 가셨다.

할아버지는 아침을 잡수시고 운동하신다.

아버지는 몸이 편찮으셨지만 출근하셨다.

남용되고 있는 잘못된 높임말

※주어가 사물일 때에는 높임의 선어말 어미 '~시~'를 쓸 수 없음.

그 가방은 품절되셨어요.	⇒	**그 가방은 품절**됐습니다.
비밀번호가 틀리세요.	⇒	**비밀번호가** 틀립니다.
구두 굽이 높으세요.	⇒	**구두 굽이** 높습니다.
환불이 안 되십니다.	⇒	**환불이 안** 됩니다.
커피 나오셨어요.	⇒	**커피** 나왔습니다.

비속어 순화

비속어		올바른 표현
짱	⇒	최고, 굉장하다
존나, 졸라	⇒	정말, 매우
쩔다	⇒	멋지다, 심하다
에바	⇒	과장되다, 지나치다
빠삭하다	⇒	잘 알다, 통달하다
갈구다	⇒	괴롭히다, 못살게 굴다.
쪽팔리다	⇒	창피하다, 망신스럽다

알쏭달쏭 표준어

앳되다 (○)	애띠다 (×)
졸리다 (○)	졸립다 (×)
투미하다 (○)	티미하다 (×)
까다롭다 (○)	까탈스럽다 (×)
떨어뜨리다 (○)	떨구다 (×)
어수룩하다 (○)	어리숙하다 (×)
찌뿌듯하다 (○)	찌뿌둥하다 (×)
거치적거리다 (○)	걸리적거리다 (×)

사이시옷 바르게 적기

① 된소리나 거센소리 앞에서는 사이시옷을 적지 않음.
갈비뼈 (○), **위층** (○) │ **갈빗뼈** (×), **윗층** (×)

② 한자어에는 사이시옷을 적지 않음.
대가 (代價), **개수** (個數) │ **댓가** (×), **갯수** (×)

③ 외래어에는 사이시옷을 적지 않음.
피자집 (○), **핑크빛** (○) │ **피잣집** (×), **핑크ㅅ빛** (×)

④ 순우리말이 들어간 합성어에는 사이시옷을 적음.
맥줏집 (○), **장밋빛** (○) │ **맥주집** (×), **장미빛** (×)

⑤ 한자어에 사이시옷을 적는 예외가 있음.
곳간 (庫間), **셋방** (貰房), **숫자** (數字), **찻간** (車間), **툇간** (退間), **횟수** (回數)

한 단어, 붙여 쓰기

첫날밤	결혼한 신랑과 신부가 처음으로 함께 자는 밤
못지않다.	일정한 수준이나 정도에 뒤지지 않다.
큰코다치다.	크게 봉변을 당하거나 무안을 당하다.
가는귀먹다.	작은 소리를 잘 알아듣지 못할 정도로 귀가 조금 먹다.
보잘것없다.	볼만한 가치가 없을 정도로 하찮다.
이제나저제나	어떤 일이 일어나는 때가 언제일지 알 수 없을 때 쓰는 말.
온데간데없다.	감쪽같이 자취를 감추어 찾을 수가 없다.
안절부절못하다.	마음이 초조하고 불안하여 어찌할 바를 모르다.

우리말 달인도 틀리는 우리말

X		O
얼키고설킨 마음	⇒	**얽히고설킨** ('얽히고설키다'의 관형형)
친구네 고양이에요.	⇒	**고양이예요.** ('예요'는 '이에요'의 축약형)
아무 것도 안 발라 얼굴이 당긴다.	⇒	**땅긴다.** (몹시 단단하고 팽팽하게 되다.)
잠이 모잘르다고 불평했다.	⇒	**모자란다고** ('모자라~'+간접인용 어미'ㄴ다고')
아침을 늦으막하게 먹었더니	⇒	**느즈막하게** ('느즈막하다'의 부사형)

헷갈리는 어미

∼ **로서** (자격) ∣ ∼ **로써** (수단)   집안의 맏이로서 ∣ 대화로써 갈등을 푸는
∼ **대요** (전언傳듣) ∣ ∼ **데요** (회상)   점심 먹고 온대요. ∣ 옛 생각하니 눈물이 나네요.
∼ **든** (선택) ∣ ∼ **던** (과거)   하든 말든 네 마음이야 ∣ 어렸을 때 놀던 곳이야.
∼ **으므로** (이유) ∣ ∼ **음으로** (수단)   급박한 상황이었으므로 ∣ 그 책을 읽음으로 답을 찾았다.
∼ **러** (목적) ∣ ∼ **려** (의도)   공부하러 도서관에 간다. ∣ 마음을 다잡고 공부하려 한다.

동작을 당하는 표현

※피동(被動)은 남의 움직임에 의해 동작을 당하게 됨을 의미함.

※'이, 히, 리, 기' 등의 피동접미사에 피동보조동사 '〜어지다.'를 붙이면 안 됨.

원형	피동형	이중 피동형 (×)
보다	보이다	보여지다 (×)
묻다	묻히다	묻혀지다 (×)
부르다	불리다	불리어지다 (×)
찢다	찢기다	찢겨지다 (×)
생각하다	생각되다	생각되어지다 (×)
증가할 것으로 보입니다. (○) 묻힌 진실 (○) 자주 불린 노래 (○) 찢긴 가슴 (○) 증가할 것으로 생각됩니다. (○)	증가할 것으로 보여집니다. (×) 묻혀진 진실 (×) 자주 불리어진 노래 (×) 찢겨진 가슴 (×) 증가할 것으로 생각되어집니다. (×)	

많이 궁금한 표현

	○	X
웬: 어찌된, 어떠한	웬 일이야 왠지('왜인지'의 준말)	왠 일이야 웬지
어떡해(= 어떻게 해)	안 돌려주면 어떡해?	안 돌려주면 어떻해?
돼요(= 되어요)	돼요, 안 돼요?	되요, 안 되요?
~예요: 받침이 없을 때 ~이에요: 받침이 있을 때	강아지예요. 사탕이에요.	강아지이에요. 사탕이예요.

틀리기 쉬운 준말

준말	본말	원형	예문
쇄	쇠어	쇠다	명절 잘 쇠라. (×) 명절 잘 쇄라. (○)
돼	되어	되다	너무 오래 되서 (×) 너무 오래 돼서 (○)
봬	뵈어	뵈다	이따 뵈요. (×) 이따 봬요. (○)
쐐	쐬어	쐬다	바람을 쐬었어요. (×) 바람을 쐤어요. (○)
좨	죄어	죄다	나사를 꽉 죄야지. (×) 나사를 꽉 좨야지. (○)
쫴	쬐어	쬐다	볕을 많이 쬈다. (×) 볕을 많이 쫴다. (○)

혼동하기 쉬운 표준어

어원에서 멀어진 형태가 표준어	원래 어원이던 단어는 버림
며칠 (○)	몇일 (×)
무르팍 (○)	무릎팍 (×)
설거지 (○)	설겆이 (×)
늘그막 (○)	늙으막 (×)
빈털터리 (○)	빈털털이 (×)
도떼기시장 (○)	돗데기시장 (×)
뒤치다꺼리 (○)	뒤치닥거리 (×)
볼썽사납다 (○)	볼상사납다 (×)

표기법에 어긋나는 영화 제목들

쿵푸 팬더 (×)	⇒	쿵푸 판다 (○)
미쓰 홍당무 (×)	⇒	미스 홍당무 (○)
님은 먼 곳에 (×)	⇒	임은 먼 곳에 (○)
Mr 로빈 꼬시기 (×)	⇒	Mr 로빈 꾀기 (○)
바람 피기 좋은 날 (×)	⇒	바람 피우기 좋은 날 (○)
싸이보그지만 괜찮아 (×)	⇒	사이보그지만 괜찮아 (○)
달콤 쌉싸름한 초콜릿 (×)	⇒	달콤 쌉싸래한 초콜릿 (○)

알아두면 유용한 접두사들

강 ~	'다른 것이 섞이지 않은', '호된', '심한'의 뜻을 더함. 예) 강술, 강더위, 강추위, 강행군
개 ~	'질이 떨어지는', '헛된', '정도가 심한'의 뜻을 더함. 예) 개떡, 개살구, 개꿈, 개고생
돌 ~	'품질이 낮은 것', '야생의 것'을 뜻함. 예) 돌감, 돌배, 돌능금, 돌미나리
들 ~	'마구', '몹시', '무리하게 힘을 들여'의 뜻을 더함. 예) 들뜨다, 들끓다, 들볶다, 들쑤시다
새 ~	'매우 짙고 선명하게'의 뜻을 더함. 예) 새까맣다, 새빨갛다, 새파랗다

줄이거나 늘리지 말아야 하는 단어

줄이지 마세요.	늘리지 마세요.
애달프다(○) / 애닲다 (×) 애달프기 짝이 없다. (○) 애닲기 짝이 없다 (×)	삼가다 (○) / 삼가다 (×) 흡연을 삼가 주시기 바랍니다. (○) 흡연을 삼가해 주시기 바랍니다. (×)
지새우다 (○) / 지새다 (×) 밤을 하얗게 지새웠다. (○) 밤을 하얗게 지샜다. (×)	가리다 (○) / 가리우다 (×) 해를 가린 채 (○) 해를 가리운 채 (×)
피우다(○) / 피다 (×) 게으름을 피우지 마라. (○) 게으름을 피지 마라. (×)	헤매다(○) / 헤매이다 (×) 빗속을 헤매고 다녔다. (○) 빗속을 헤매이고 다녔다. (×)
담그다(○) / 담다 (×) 김치를 맛있게 담갔다. (○) 김치를 맛있게 담았다. (×)	날다(○) / 날으다 (×) 나는 새도 떨어뜨렸다. (○) 날으는 새도 떨어뜨렸다. (×)
빌리다(○) / 빌다 (×) 이 자리를 빌려 감사 말씀 전합니다. (○) 이 자리를 빌어 감사 말씀 전합니다. (×)	불다 (○) / 부르다 (×) 피리를 멋지게 불어다오. (○) 피리를 멋지게 불러다오. (×)

• 출처: 국립 국어원(http://www.korean.go.kr)
• KBS 국어문화원(http://korean.kbs.co.kr)

방송 관련 직업 체험하기

KBS 온(on) 견학홀

KBS 온(On)은 한국 방송의 역사와 현재를 체험할 수 있는 방송 전시관이다. 이곳에서는 방문 시청자들에게 방송 제작 현장의 직·간접 체험 기회를 제공하고 미니 박물관, 기타 방송과 관련된 전시 자료들을 통해 청소년들에게 방송 학습의 장이 되고 있다.

- 홈페이지: http://office.kbs.co.kr/kbson/
- 주소: 서울특별시 영등포구 여의공원로 13(여의도동) 한국방송공사 본관
- 특징: 무료로 상시 운영하며, 11인 이상은 예약을 해야 한다.

키자니아

MBC가 공익적 교육 문화 사업의 일환으로 운영하는 키자니아는 미래 주역인 어린이들이 현실 세계의 직업을 체험하며, 진짜 어른이 되어 볼 수 있는 직업 체험형 테마 파크이다.

- 홈페이지: http://www.kidzania.co.kr
- 주소: 서울특별시 송파구 올림픽로 204 (주) MBC PlayBe
- 특징: 유료이며, 상시 운영한다.

EBS 방송 직업 체험

EBS에서 자라나는 청소년들에게 방송 관련 직종에 대한 바른 직업관과 직업의 청사진을 제시하고자 운영하고 있는 직업 체험 프로그램이다.

이곳에서는 아나운서, PD, 성우 등의 직업을 3시간 동안 체험할 수 있다.

- 홈페이지: http://home.ebs.co.kr/ebsjob/main
- 주소: 서울특별시 서초구 바우뫼로1길 35 한국교육방송공사
- 특징: 무료/유료이며, 1년에 2회 운영한다.

방송통신위원회 인천시청자미디어센터

방송통신위원회 인천시청자미디어센터가 미디어 인재 육성 프로그램인 청소년 미디어 스쿨을 운영하고 있다. 이곳에서는 초등학생에서 고등학생까지의 청소년들이 미디어에 대한 이해력을 높이고, 방송 제작 능력을 길러주는 교육을 통해 방송 관련 진로를 탐구할 수 있도록 돕고 있다.

- 홈페이지: http://blog.naver.com/incheoncomc
- 주소: 인천광역시 연수구 인천타워대로 54번길 19
- 특징: 무료로, 상시 운영한다.

생생 경험담 인터뷰 후기

❶ 김완태 – MBC 아나운서

처음 만났을 때 공교롭게도 여의도 MBC 사옥 색깔과 같은 보라색 셔츠를 입고 있었다. 인터뷰 전 그동안의 아나운서 생활을 추억하던 담담한 모습과 달리, 인터뷰가 진행되는 동안의 아이 같이 천진한 미소와 따뜻한 인상은 TV 속에서 보던 그대로였다. 이렇

게 인간적인 매력이 넘치는 아나운서라니……. 이러니 예능 프로그램의 단골 손님

인가보다.

유쾌하게 진행된 인터뷰 내내 신입 때부터 지켜 온 아나운서라는 직업에 대한 열정을 느낄 수 있었다. 이전한 상암동 MBC에서 MBC 아나운서들의 새로운 도약을 기대해 본다.

❷ 윤인구 – KBS 아나운서

인터뷰 전에 낯을 좀 가리니 오해하지 말라고 했다. 처음 만난 사람과는 쉽게 친해지기 어려워 종종 주위로부터 오해를 산다고는 했지만 그 말이 무색하게 인터뷰는 부드러운 분위기 속에서 진행되었다. 인터뷰가 끝난 후에는 우리에게 자장면을 사 줄 정도로 친밀해졌는데, 이를 통해 '낯가림' 언급은 괜한 겁주기였던 것으로 들통 났다. 하하.

프로그램을 함께 만드는 스태프들에게 항상 고마워하고, 선후배들을 배려하는 윤인구 아나운서의 사람을 챙기는 마음은, 왜 그가 KBS의 간판 프로그램인 〈아침마당〉의 MC를 맡고 있는지 말해 준다.

❸ 정연주 – tbs 아나운서

두 아들을 키우는 엄마이자, 오랫동안 청소년 관련 라디오 프로그램을 진행한 아나운서로서 이 책의 취지에 크게 공감하며, 물심양면으로 많은 힘을 실어 주었다. 특히, 인터뷰 시작부터 '아나운서라는 직업은 이런 것'이라며, 한 마디로 아나운

서에 대한 정의를 내려 이 책의 집필 방향 잡는 데도 큰 도움을 주었다.

도시적인 외모와는 달리 소탈한 매력이 일품인 정연주 아나운서. 똑 부러진 모습으로 진행하는 뉴스부터 평온하고 나긋한 목소리로 진행하는 심야 라디오까지, 카멜레온 같이 다양한 모습을 보여준 만큼 앞으로의 행보가 정말 기대가 된다.

❹ 전주리 – KBS 아나운서

〈도전! 골든벨〉, 〈스카우트〉 등 청소년들과 함께하는 프로그램을 진행하는 아나운서이기에 누구보다 청소년 독자들에게는 친근할 것이다. '아나운서가 되지 않았다면 선생님이 되었을 것이다.'는 전주리 아나운서의 이야기 속에는 학생들을 생각하는 진심이 가득했다.

몇 번의 불합격에도 열심히 노력하면 이룰 수 있다는 믿음으로 결국 KBS의 아나운서가 된 전주리 아나운서의 강한 신념이 이 책을 통해 청소년들에게 전해지길 바란다.

❺ 양현민 – febc 아나운서

어린 시절부터 오랫동안 아나운서의 꿈을 품고 온 사람은 일상생활에서도 아나운서의 여유와 품격이 묻어 나온다. 그 때문인지 라디오를 통해 듣는 양현민 아나운서의 목소리는 기분 좋은 신뢰감을 준다. 뿐만 아니라 굳센 의지를 가진 사람의 의

연함과 모든 것에 감사하며 사는 삶에서 나오는 선한 에너지는 극동방송 아나운서들에게서만 느껴지는 독특함일 것이다.

❺ 박성언 – 여수 MBC 아나운서

훈훈한 외모와 달달한 목소리, 거기에 멋들어진 패션 센스까지 갖춘 전형적 훈남인 박성언 아나운서.

지역 방송사의 특성상 한 아나운서가 일당백의 역할로 다양한 일을 하게 되는데, 그만큼 아나운서에게는 체력이 중요하고 한다. 평소 체력 보강을 위해 쉬는 날에는 그라운드에서 축구 실력을 뽐낸다고 한다.

저 온화한 미소 뒤에 감춰진 공격 본능, 앞으로 방송에서도 아나운서로서 멋진 골 기대합니다.

아나운서들은 한 프로그램의 진행을 위해 그 나머지 시간을 치열하게 준비합니다. 누구는 '아나운서는 분 단위로 살 수 있어야 한다.'고 이야기할 정도입니다. 그런 바쁜 일정 속에서도 꿈을 꾸는 학생들을 위해 귀중한 시간을 아낌없이 나눠 주신 아나운서 분들께 깊이 감사드립니다.